文字小讲

青少版

汉字里的古代日常

许进雄 著

CNS PUBLISHING & MEDIA 中南出版传媒
湖南文艺出版社 HUNAN LITERATURE AND ART PUBLISHING HOUSE
小博集 BOOKY KIDS

出版说明

陈寅恪先生说过："凡解释一字，即是作一部文化史。"作为世界上四大文明古国之一，中国的文字有着数千年的发展历史，见证了不同时期的社会变迁。了解中国文字的发展过程，对于了解中华民族的发展，推敲文化、制度、环境等社会变迁，传承与弘扬中华文化，具有重要意义。为此，许多汉语言学家、甲骨文学家、文字学家孜孜以求，以严谨、科学的态度对中国文字进行深入研究和考证。许进雄先生就是其中一位。

许先生是著名的文字学家、甲骨文权威学者，专精于甲骨文研究，曾受聘于加拿大多伦多皇家安大略博物馆，发现以甲骨钻凿形态为标准的断代法，被安阳博物馆甲骨展厅评为对甲骨学有重大贡献的二十五名学者之一，著有《简明中国文字学》《文物小讲》《中国古代社会》等专业论著。

"文字小讲青少版"系列脱胎于许先生荣获2016年

“中国好书”的著作《文字小讲》，本系列围绕“服饰”“出行”“居住”“人体”“农事”“娱乐”“工艺”“器物”8个主题讲解了100个中国文字的前世今生，用通俗易懂的语言阐述了造字创意、产生缘由、字形和字义的演变等方面内容，将文字背后的社会、政治、文化、制度、世人生活、地域风俗等历史图景展现在青少年读者眼前，揭露文字的秘密。

在编辑过程中，为了帮助青少年读者更容易理解文字的源由，我们在作者原书的基础上参考了《辞海》、《现代汉语词典》、“中国科学院”官方网站等资料，不仅对一些生僻字做了注音，还增加了注释和“知识链接”模块，补充了相关知识，争取为青少年读者提供更好的阅读体验。

本系列中除了作者提供的大量珍贵的文物图片，包括实物图、拓印图、原貌复原图等，我们还根据每篇的主要内容，增加了趣味彩图，在拓宽知识面的同时，还增加了阅读的趣味性。

编者

自序

我的朋友赖永松，二〇〇八年在PChome[1]的报台开辟了一个部落格，名为“一日一言”，用像是新诗的短句，抒发令人深思的人生经验与哲理。另一个朋友杨风更经营四个部落格，发表不同领域的作品，也勤于创作油画。朋友们每周一次在杨风的住处聚会聊天，顺便欣赏他的画作。有一天我做了一个梦，梦到赖永松拿来一堆打算出版的文稿要我写序。其文稿图文并茂，显然是我把对赖兄的文章与杨兄的画作的印象合而为一，在梦中显现。我记得我用甲骨文的“强”字来评论赖兄的文章。甲骨文的“强”字由弓与口组成（），强调反弹力强的弓难于拉满，只能拉成像嘴巴的样子。就如同赖兄的文章虽短，却句句有力道，有哲理，令人回味无穷。第二天我把梦境的内容在他的部落格上留言，他的读者竟然就纷纷问起我有关中国文字的问题。借用赖兄的部落格回答

① PChome：台湾的一种购物网站。

了几次以后，网友就建议我干脆也开辟一个部落格讲说有关中国文字的内容。杨兄也鼓励我设立，并答应为我设计版面，上传文章。本来我打算把部落格的站名叫“文字小讲”，因为我出版过一本有关中国文物的小书，在大陆出版时被改名为《文物小讲》。没有想到当我把写好的文章寄给他，请他上传时，杨兄已然替我注册为“殷墟书卷”，并把台主的名字定为“殷墟剑客”，也介绍我为：

> 一个右手持剑，左手拿着古文物，口衔甲骨文的游子，从加拿大枫树林里的博物馆归来……

第一篇文章于十一月十日刊登了。杨兄不但催生我的部落格，也介绍他的网友来捧场，所以很快就热闹起来，每篇都有不少的留言，我也忙着应答。开始的时候大致一个星期发表一篇，有时也接受网友的建议，介绍他们想了解的字。但二〇一二年时，我因为家里有些状况，不能不回加拿大处理，再也没有时间与心情为部落格撰写文章，起先是速度缓慢下来，终于完全停笔了。

这些网络文章是针对大众所写，不是学术性的，所以我想尽量写得轻松、简易而有趣。不过，每一篇也都费了我不少的心思与构想，写作的态度也是严谨的，有学术根据的。文章所讲的内容，大部分是取材自我出版过的几本著作，但也有些未发表的新说。我本来随兴而写，并没有出版的企图。停刊后，有网友几次劝我发表它，而我也想，如果有出版社愿意给予出版，何乐而不为！于是寄给台湾商务印书馆的编辑部，不想立刻就得到接受的回复。

在部落格发表时，为了增加美感，每篇文章都附有一张文物的照片。有些器物是与讨论的内容有关的，就给予保留。至于和内容完全无关的，就删掉以减少篇幅。文字也多少做了些修改，使前后的风格趋于一致。盼望此纸本形式的出版可以让没有网络的人也读到。至于内容，当然希望读者不吝指教，或许以后还有可以改进的机会。最后，要感谢我的书法家朋友薛平南教授为此书题字，增光良多。

许进雄

二〇一三年七月二十日于台北旅居

目录

CONTENTS

文字小讲青少版

人体篇

农事篇

娱乐篇

人体篇

—文字小讲青少版—

mù

目

眼睛象形。

◆ 字形变化 ◆

商甲骨文

↓

两周金文

↓

秦小篆

↓

现代楷书

目

注：本书附有如该页的甲骨文以来字形演变的简要示例图栏。字形之旁加注的英文字母，s 代表小篆字形，z 代表籀（zhòu）文，k 代表古文，h 代表其他书体。没有注明的则为《说文》没有清楚说明的。为节省篇幅，以后篇幅中不再对此加以注明。

“五官”一词，包含耳、眼、鼻、口、身等五种器官，虽有头部以外的部分，但一般只指脸部的器官。脸部富于表情，喜怒哀乐都从其中看出来，其中尤以眼睛为最重要。所以“面”字，甲骨文于一个脸部的轮廓中，用一只眼睛来代表所有的器官（）。后来字形稍微有些变化，写成没有头发的首的轮廓（）。其实，没有头发的“首”字是从“目”字（眼睛）变化来的。眼睛原先叫目，描写人的一只眼睛的样子，横着的眼睛一边的尖端向下，一边的尖端向上（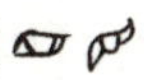），慢慢写成一端宽大，一端细小（）。因为古代书写主要使用竹简，横宽的东西往往变换角度，写成窄长的形式，所以

才变成小篆直竖的样子而与事实不符（）。

眼睛的功能是视觉，眼睛要有两只配对，视野才能宽广，才足以有效地辨识影像，所以好像没有生来就只有一只眼睛的动物。所以如果有一只眼睛受到损伤，视力就大减，从而战斗力大减，所以刺瞎一只眼睛是有效控制有抵抗能力的俘虏，却不减低其工作能力的好办法。所以甲骨文的“臧”字，作一只竖立的眼睛被兵戈[①]所刺之状（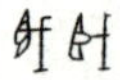）。瞎了一只眼睛的俘虏没有太大的反抗能力，最好是顺从主人的旨意。对主人来说，顺从是奴隶的美德，故“臧”有男性奴仆和良善两类意义。甲骨文的“民”字则作一只眼睛为尖针所刺伤的样子（）。“民”的意义本是犯罪的人，后来才被转用以称呼平民大众。金文的“童”字，本义也是罪犯，作文身的针刺伤一只眼睛，以及一个声符“东”（）。现在又加上“人”而成为“僮”字。本字则作儿童使用。

眼睛最能传神，所以描写脸部的表情，最常见的就是使用眼睛的部分，如“横眉怒目”“眉目传情”“反目成仇”“杏眼含春”“目指气使[②]”等。比起其他四官，眼睛的使用频率不知高出了多少倍。在早期的文字中，把眼睛部分也描绘出来的，往往是表达贵族或巫师的形象，不是一般人的身份。

① 兵戈：指兵器、武器。如无特别说明，本书脚注均为编者注。
② 目指气使：用眼神和气色示意支使他人。

“履”的意义是鞋子，金文的字形作一个画出眼睛甚至眉毛来的人。此人的脚穿着一只鞋子（），小篆因移位讹变而成。鞋子穿在人身的最底部位，没有必要把眼睛连眉毛也画出来，这么做一定有其必要的理由。中国有以赤足[①]表示尊敬的传统。为了保持庙中的洁净，就有在前往寺庙的途中穿鞋子，而于行礼之前脱鞋，赤足进入神圣的庙堂以保持礼堂洁净的需要。一般民众没有这种需要，也没有必要穿鞋子，故代表鞋子的字需要强调高级贵族的形象。

类似创意的“沬”（huì）字，金文作全身洗澡之状（）。此字在金文中出现非常多，创意是洗澡，字形繁杂的作双手持皿倒水向盘皿上的人加以冲洗，或省双手、底下之皿、双手以及盘皿。最简省的作有眼睛、有眉毛的人以及水滴。中国华北经常缺水，一般人较少沐浴，但贵族可能因经常举行祭祀而要经常沐浴洁身，故才以贵族的形象创意，否则何必费事强调头部的细节？铜器铭文的眉寿都作沬寿，可能原来表达庆祝高寿时要沐浴整装。祝寿是贵族较常举行之事，故要以贵族形象表达。

① 赤足：赤脚，光着脚。

zì

自

人的鼻子之形。

字形变化

商甲骨文

↓

两周金文

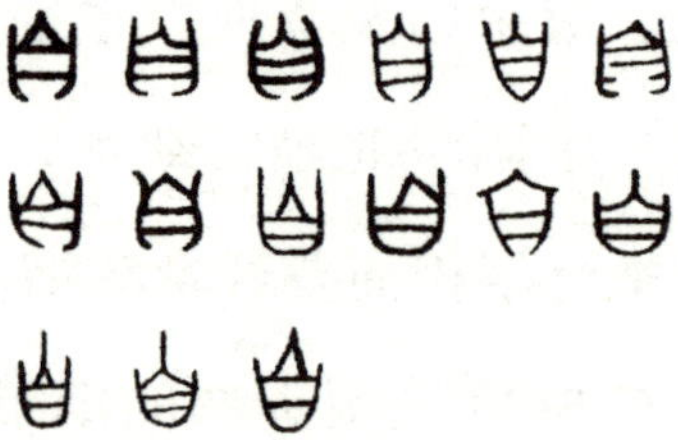

↓

秦小篆

↓

现代楷书

自

鼻子也是颜面的五官之一，在甲骨文的时代，鼻子应该叫作“自”（）。甲骨占卜的词句有“有疾自，唯有害？”，对照“王疾齿”“御疾身于父乙”“有疾止（趾），唯黄尹害”，可确知“自”是人的器官。后来加了声符“畀（bì）”，才成现在的“鼻”字。“自”字描画人的鼻子形，把鼻梁、鼻翼的重点都给呈现出来。鼻梁上的皱纹可以是一条或二条。大概弯曲的鼻翼不好画，后来画成了直线，就不那么传神了（小篆作、）。

鼻子的功能是嗅觉。若依表达视觉的“见”字，以一个横摆的眼睛在站立或跪坐的人的头顶上之状（）去创意，

则司理嗅觉的字就该是一只鼻子在人的头顶上。不过，甲骨文却作一只鼻子在一条犬（狗）之上（）。应该是古人认为狗的嗅觉比人还高明，所以才借用狗的嗅觉来表达。

狗的个体不大，生长缓慢，与其他大型猎物比较，肉食与皮毛的价值少得多。狗之早被驯养，一定有肉食供应以外的特殊条件，否则人们是不会自找麻烦，费心地加以饲养和培育，以改变其野生的状态。狗是很能适应环境的动物，且有强健的下颌、犀利的牙齿、善跑的腿，加上嗅觉和听觉敏锐，适于追逐、捕猎的生活，对早期以渔猎、采集为生的人们来说非常有用。狗无疑是因有此种协助捕猎的用处才被接受的。因此认为狗比农业社会的猪更早被人们所豢（huàn）养[①]。猪有八千七百年以上的豢养历史，狗应该在之前就已被豢养了。

狗的体能劣于许多大型野兽，难于离群，在野外过独立的生活，因而养成集群合作的本能，易于被早期的人们所驯养。但狗异于绵羊，羊是人们为了获取肉食和皮毛，主动加以驯养的。狗则可能基于本身的需要，前来依附人们。有可能人们被狗依附之后，才有灵感以之应用于他种野兽而发展畜养的技术。

① 豢养：喂养牲畜。现常比喻收买、利用。

狗可能自狼驯化而成。因为它们独自捕猎的能力有限，难于同大型的野兽竞争，常无所获而挨饿，以至经常徘徊于人类的居处，吃食人们丢弃的皮、骨、肉等。人们既习惯于它们友善的存在，对自己的生活也不生什么负担，因此温驯者就被留下。通过互相的合作和选择，狗终于失去其野性而成为家畜，帮助人们捕猎。犬于家养后，体态发生了变化，与野狼的主要分别在尾巴上翘。所以“犬”字的主要特征就是尾巴上翘，与肥胖的猪尾巴下垂有别。

人能使用工具以弥补体能上的缺陷，使任何大型、凶猛的野兽都逃不出被擒杀的命运。但是野兽可以深藏起来，逃避被人们搜索擒杀的厄运。在这方面，狗正好有所作用。狗有嗅觉上的天赋异能，能从野兽遗留下来的血、汗、尿、粪等的气味中去分辨动物，并加以追踪、诱发和驱赶，以方便人们的捕杀，从而分得一些残余。所以甲骨文的“兽”字，作一把打猎用的田网及一只犬以会意（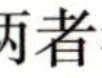）。两者都是打猎时需要的工具，故以之表达狩猎的意义。后来才扩充其意义至被捕猎的对象野兽。“臭”字反映人们完全了解在所知的动物中，犬的嗅觉最为敏锐，故取以表达辨别味道的嗅觉感官。

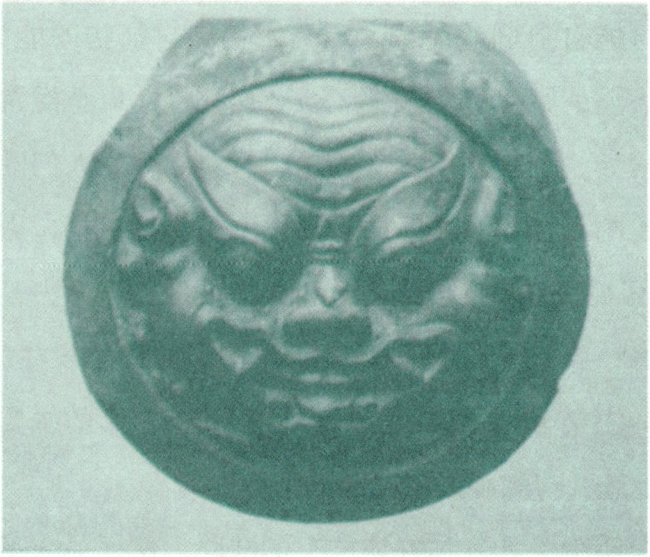

图一 兽面纹陶瓦当
口径十七厘米，残长十五厘米
北魏，公元四世纪至五世纪

知识链接

人体的五官

五官指的是人体的耳、目、口、鼻、舌五个器官。五官分属五脏，为五脏的外候。《灵枢》记载：“鼻者，肺之官也；目者，肝之官也；口唇者，脾之官也；舌者，心之官也；耳者，肾之官也。”鼻子对应肺，眼睛对应肝脏，口唇对应脾，舌对应心，耳朵对应肾脏。

但其实对五官的解释有很多种说法，《荀子·正名》中记载：“五官簿之而不知。”唐代的杨倞在这句的注中写道：“五官，耳、目、鼻、口、心也。”

ěr

耳

象耳朵形。

◆ 字形变化 ◆

商甲骨文

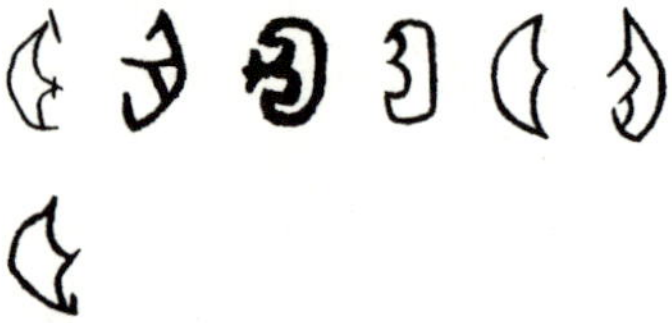

↓

两周金文

↓

秦小篆

↓

现代楷书

耳

耳也是五官之一，司听觉。野兽也能听，甚至更敏锐。但是人能把听到的内容转述，到了有文字的时代，更能间接用文字记载下来，把耳闻内容传播远地，使流传后代。人能累积听闻、眼见的成果，次第有所发明，这是其他动物所不能的。

听闻不必亲身，可通过转述而得到经验，所以人终成万物之灵。辗转听闻的“闻”字，甲骨文描写生动，作一个跪坐的人，头上有个大大的耳朵，强调耳朵的功能。此人的嘴巴张得大大的，有时还把嘴巴溅出的几点唾液如实画出来。手张开手指，捂住嘴巴（ ）。整个图画可以理解为：某人听到没有预期的讯息，惊讶得掩住嘴巴，免得讶异之声惊动别人。经过两周的金文时代，字形慢慢起了讹变，耳朵和身体分开了，几点唾液飞到头上。这个字因为还假借为婚姻的“婚”，有人就以为那是戴了结婚的礼帽。人的形状也从跪坐变为站立，又加了个脚趾或女性的符号（ ）(，籀文“婚”如此）。小篆改用形声字，从耳门声，就看不出创意了。

甲骨文的“闻”字，意义偏重于他人前来告诉，不是前去探听。如《合》[1]11485：“三日乙酉夕，月有食，闻。”是首都安阳观测不到月食的发生，出乎意料，由方国报闻上来，含有惊讶的成分。《合》13651：“有疾齿，父乙惟有闻。”是王武丁的牙齿出了毛病，问是不是死去的父亲降下的警告，也不是事前主动去打听的，是得了病后的惊慌询问。又如《合》6077：“𢀛方亡闻。”意思是𢀛方不会出乎我意料而入侵国土，让我措手不及应付。

在以狩猎为生或野兽出没的时代，敏锐的听力是种很重要的保命及猎取食物的机能。能够侦察野兽出没的地点及时机，自然增加狩猎的效果，容易在同伴中取得信赖而被敬佩，所以有能力的猎人成为众人所信服的领袖人物。到了较进步的时代，能够与神灵交通而得到趋吉避凶的指示的巫师，就

①《合》：指的是《甲骨文合集》，简称《合》。

成为众人全心信赖而拥护的人选。

人类由蒙昧而进化到有组织的文明社会，是由无数人的劳力和经验逐渐累积发展起来的成果。其中智力较高的人，有了一些发明的端绪，激起文明的进一步提高，后世以圣人视之。如《考工记》说：“知者创物，巧者述之，守之世，谓之工。百工之事，皆圣人之作也。烁金以为刃，凝土以为器，作车以行陆，作舟以行水，此皆圣人之所作也。”

甲骨文的“圣”字，作一个有大耳朵的人在一张嘴巴之旁，表示此人有聪敏的听力以聆听口所发出的声音（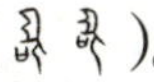）。其初义是才能远超过常人的人。推广之，能造福社会的人都是圣人。远古的英雄人物都是创造器用的人。虽然这些圣人次第发明各种改善人们生活的劳动方法和器物，为以后国家组织的建立提供必需的物质基础，但他们都还未触及政治设施所必要的种种人为制度。因此在不少传说中，这些早期的圣人就被描写成半人半兽的神物，或未穿着文明产物的衣冠，以表示他们还处于野蛮的时代。如王延寿《鲁灵光殿赋》说“人皇九头。伏羲①鳞身，女娲蛇躯”“黄帝唐虞。轩冕以庸，衣裳有殊”。

① 伏羲：亦作“宓羲”“包牺”“庖牺”“伏戏”，亦称“牺皇”“皇羲”。中国神话中人类的始祖。

图一 三彩镇墓兽

高一百三十点五厘米，唐，公元六一八年至九〇七年

这件镇墓兽大耳张开，防备邪气的入侵

kǒu

口

象嘴巴之形。

字形变化

商甲骨文

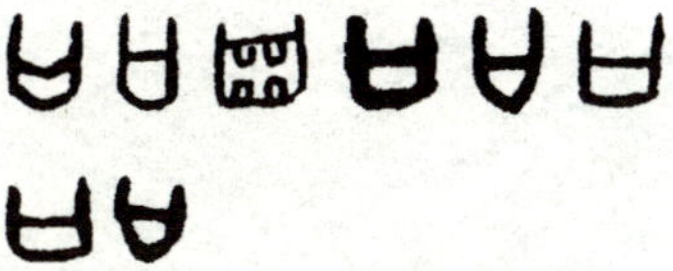

↓

两周金文

↓

秦小篆

↓

现代楷书

口

也是五官之一的甲骨文“口”字，很容易看出是个嘴巴的形状（ㅂ）。口的功能是说话与吃东西。从“齿”字（[齿]）知“口”所画的是上唇与下唇的轮廓。不过，这个符号在甲骨文的组合构件中，还被用作代表其他的事物，如容器（[书]，“书”字的墨水皿；[鲁]，“鲁”字的盘子）、坑陷（[吉]，“吉”字的铸造青铜器的坑陷），以及无意义的填空（[高]，“高”字的高楼下空间的填空）。

在五官中，嘴巴的功能最为常用，后代成为表达与嘴巴有关的饮食与说话的形声字的形符（意符）。但在甲骨文的时代，形声字的形式刚萌芽，很少看到以“口”为意符的例子，大都以“口”为创意的成分，如“名”()，以“月”与“口”组成，创意是在月亮出现的夜晚，用嘴巴说出自己的名字，人家才会知道你是谁。

口较具社会意义的功能是说话。总的来说，口常是表达不重要的内容。重要的内涵则用意符“言”去表达，如诰、论、谟、评、议、誓、谛等等。甲骨文的“言”字是以口吹奏长管的喇叭表达（）。这种管乐的一般长度是八尺（约等于一百八十五厘米），所以意义为八尺的“寻”，甲骨文就作伸开两臂以度量某物之状。被丈量的东西有席子，有乐管（）。伸张双臂不必外求工具，所以八尺是方便、常用的长度单位，所以引申为寻常之意。人伸张两臂是为了探求物体的长度，所以也引申为寻求的意义。

中国古代有一种很奇怪的习俗，可能是为了防止精气外泄，用玉片把尸体的七窍或九窍盖住或塞住（耳二、眼二、鼻二、口一、尿道一、肛门一）。此习俗不知起于何时，到汉代最盛，魏文帝可能基于资源不浪费，或防止陵墓被盗掘的原因，乃下令要他的墓葬“饭含无以珠玉，无施珠襦玉匣，诸愚俗所为也”。从此就不盛行覆盖九窍，但还保留了口琀[1]。

早期的口琀以玉蝉为最常见。有可能是因为口内舌头的

① 口琀：中国古代在死者口中放的珠、玉、贝等丧葬用品的通称。汉代的玉琀常常刻成蝉形。

形状与蝉相似，但也可能有更积极的意义。生物都有生老病死、消沉荣枯的过程，各民族也都有谋求解脱此困厄的行为与希望。汉代有神马负载灵魂早日去神山的信仰，所以也有可能借蝉的脱壳，表达让老弱的躯体转化新生的希望。

蝉的幼虫入土变成蛹，等筋骨强壮后从土中钻出。幼虫要经过数年的时间，数次脱壳后，才可以达到成虫的阶段。蝉除了聒噪的蝉鸣点缀酷暑的季节，以及壳（蝉衣）可以入药，用于治感冒发热、咳嗽、音哑等症状外，似乎和人类的生活没有什么利害关系。一般说来，一个东西被取为某种意义的象征，必有其合于人们思考的原因。汉代的文学作品以蝉的脱壳现象作为脱胎换骨、破旧立新，进入更高人生境界的比喻。如《史记·屈原贾生列传》用“蝉蜕于浊秽，以浮游尘埃之外”赞美屈原。《文选》夏侯湛《东方朔画赞并序》更有“谈者又以先生嘘吸冲和，吐故纳新；蝉蜕龙变，弃俗登仙”的话语。汉代的人特为信仰神仙，不妨生前以玉蝉作为佩带或玩好物，死后以之作为填塞嘴巴的口琀，希望躯壳虽灭亡，灵魂却可脱离之而进入另一个令人期待的快乐生命。汉以后不兴玉制的服饰，大概就改以饭团替代玉蝉了。

知识链接

金蝉脱壳

蝉在变为成虫时需要蜕去身体表面的一层壳，而本体却脱壳而走，后来人们常常用“金蝉脱壳”来比喻趁暂时未被对方发现，用假象制造脱身的机会。

在《西游记》第二十回中有这样的描述：“这个叫作‘金蝉脱壳计’：他将虎皮盖在此，他却走了。”

bái

白

大拇指形。

◆ 字形变化 ◆

商甲骨文

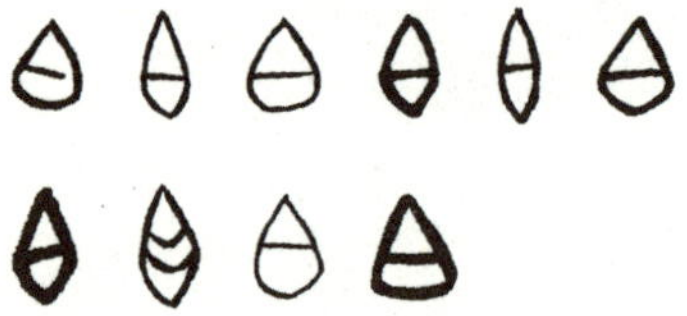

↓

两周金文

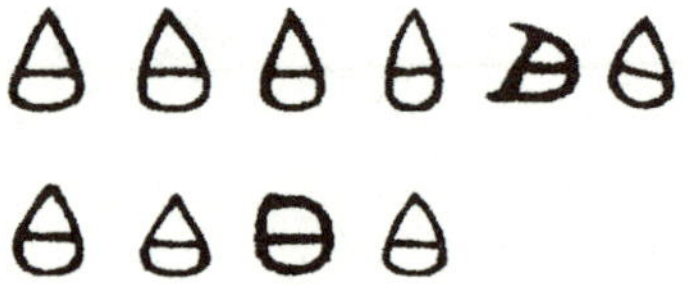

↓

秦小篆

↓

现代楷书

白

黑色的对比是白，白的色彩也是生活中常碰到的，到底古人如何使用文字表达呢？中国古代想象宇宙是由木、火、土、金、水等五种物质构成。战国晚期，驺（zōu）衍[①]把这些物质，配合东、南、中、西、北五个方向，青、赤、黄、白、黑五种颜色，春、夏（孟夏、季夏）、秋、冬四季，认为这些元素很有系统地依次序轮番主宰宇宙，从而影响人间政治的更革；认为商代得金德，故以白色为尊。但是从出土的文物看，自新石器时代以来，中国人就普遍喜爱光鲜的红色

① 驺衍：战国末思想家，阴阳家的代表人物。提出“五德终始”说，认为社会历史变动发展和王朝兴替，是五行之德转移循环。

及黑色，并以之为尊贵者的装饰色彩，并无不同时代贵重不同颜色的习俗。商代偶尔才见供祭白豕、白羊、白牛的占问，应该没有以白色牺牲为尊的事实。

甲骨文的“白”字作、等形，难于看出到底是依什么事物创造的，要通过比较别的文字才有希望得到解答。核对了三千多个甲骨字形，似乎也找不到可资比对的字形。再查两周时代的金文，发现“乐”字差可拿来比较。甲骨文的“乐”字作木上安有两条弦线之状（），看似表现弦乐的样子。但甲骨卜辞还没有使用“乐”字于有关音乐的场合。西周的金文则在两条弦线之间多了个“白”字（）。

弦乐的演奏方式，似乎早期以敲击为常，甲骨文就有一字作“乐”字之旁有手持木棒在敲打之状。故西周的《诗经·常棣》说：“妻子好合，如鼓瑟琴。”用“鼓”字描写演奏的方式。后来可能为使发声更精准，改以琴拨或大拇指在弦线的适当位置弹拨的方式。如《荀子·富国》：“故必将撞大钟，击鸣鼓，吹笙竽，弹琴瑟，以塞其耳。”用“弹”字描写。弦乐器的名称，大致春秋时代以来以敲打的为筑，拨弹的为筝、琴、瑟。但演奏方式的用字还是不考究，如同《荀子》一书《劝学》篇：“瓠巴鼓瑟而沈鱼出听，伯牙鼓琴而六马仰秣。”演奏的方式还用“鼓”字。

弹拨琴瑟的弦线主要使用大拇指，人的五指只有大拇指是两节的，其他都是三节，所以“乐”字的两弦之间的⌂，是大拇指的形象应该不成问题了。“白”在周代常作为序列的第一，如周先祖古公亶父的三个儿子，分别为太伯、仲雍、季历。“伯”在古代就写作“白”。

图一这件文物的部分零件已遗失，但从端部四个可以转动的钮以及长大的体积看，可以肯定是一组弹奏弦乐的瑟。这件瑟的主体由整块木头雕成，背后有镂空的音箱。通体六面都漆上黑色底漆，在不干扰安弦线的地方，镂刻龙、蛇、凤鸟等图案，并加上红色的彩绘花纹。在古代，这是权贵者才能拥有的高级制品。

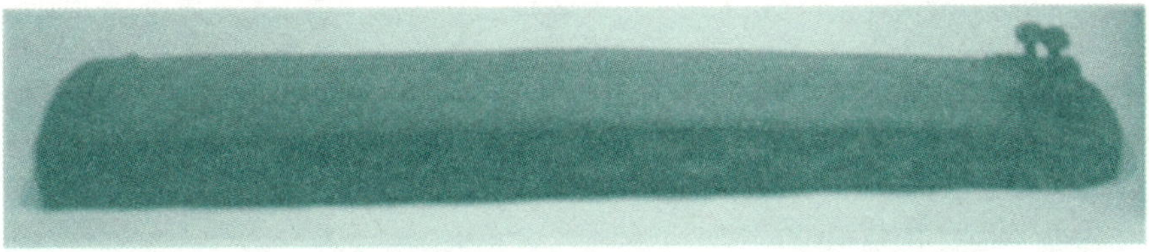

图一 雕刻漆绘木瑟

长一百六十七点三厘米，首宽四十二点二厘米

尾宽三十八点五厘米，中高十三点七厘米

战国，公元前四〇三年至公元前二二一年

yòu

又

右手，制作器物。

字形变化

商甲骨文

两周金文

秦小篆

现代楷书

又

在所有的动物中，人的脑力最为发达，可以从事细密的思考。但若只有敏捷的思考而没有灵巧的双手，则器物也无法制作，文明的基础就建立不起来。双手可以说是人类用得最多的器官，理应有文字表达它。甲骨文有得疾病的各种器官的字，如“身”“首”“目”“口”“自”“齿”“疋”“止”“舌”“骨”等，就是见不到“手”字。“手”字首见于金文，作、、、等形，《说文解字》解释“拳也”，可以知道描绘的是有五指的手掌。手掌只是整只手的最下端部分。金文的用法“拜手稽首”，似乎重点也是手掌的部位。

虽然甲骨文没有“手”字，但描绘手的动作的字却非常多，手的构件以“又”表达。甲骨文的“又”字作、等形，《说文解字》解释“手也”，则创意应是有手指的手臂形。好像只画出三个指头，《说文解字》说：“三指者，手之列多略不过三也。”但创意可能不是省略另外两个指头，而是抓握东西时，后头两个指头被遮盖住而见不到，故只画出见到的三个指头。

“又”在甲骨文里有几个意义，最常见的是有无、再有、福佑以及某种祭祀的名字。偶尔使用为“右”的意义，它应该比较近乎本义。“又”是右手的形象，用来表达右侧的意义是很容易被理解的。所以“左”字就作左手的形象（）。以左、右手的形象作为区分左右的意义应该是没有问题的，但因为甲骨卜辞的记载，不但句子常是正问、反问对称的，字形也往往写成对称。其他的字左右异向不会产生混淆，但左、右就可能混淆，于是到了金文的时代，就习惯在“右”的意义中加“口”，“左”的意义中加“工”的分别符号，就不至于产生混淆了。

甲骨文还有一字也是以手指创意，即假借为干支的“丑”字，作、等形，也是有三个指头的手臂形，只是手指都作扭曲之状。人的手指之所以特别，就是有分节，可以弯曲。用力抓紧东西的时候，手指要紧紧扣住才有力，或接触弯曲处，它的作用是很大的。我们发现，甲骨文如把弯曲的手指

描绘出来，都有其特殊的用意。略举几例说明。

甲骨文的“彻”字作、、、等形，由两个单位组成，一是古代煮饭的器具鬲，一是丑。鬲是一种袋足的炊煮容器，可以节省薪火。但是黏固在袋足里的饭粒不易清洗，要用手进去抠除，才能确实、彻底清洗干净。不像实足的鼎，或圈足的皿，用刷子就可以清洗干净了。对鬲的使用来说，弯曲的手指除了做清洗的动作，别无其他用意，故容易理解其创意。此字的金文字形、、已稍有讹变，幸好《说文解字》的古文字形还保留重点，可以跟小篆的字形做比对（）。

金文的“付”字作、、、等形，意义是给付，《说文解字》解说其创意：“，予也。从寸持物以对人。”好像是不错的样子。可是仔细一想，恐怕创意重点没有把握到。这字较早字形以“人”与“丑”组成。“丑”的重点是扭曲的手指，和“及”字做比较，其分别才明显。“及”是追及的意义，作，表达一只手从后面要抓住某人之状，这是还没抓到的形象，手指还没有用力紧紧扭住。“付”则是已抓住了，手指弯曲用力紧紧抓住的情景。所以“付”的创意重点在于紧密的附着，已经抓在手里了。“及”字则表示还未抓到。

农事篇

—文字小讲青少版—

lái

来

麦禾形。假借为往来。

字形变化

商甲骨文

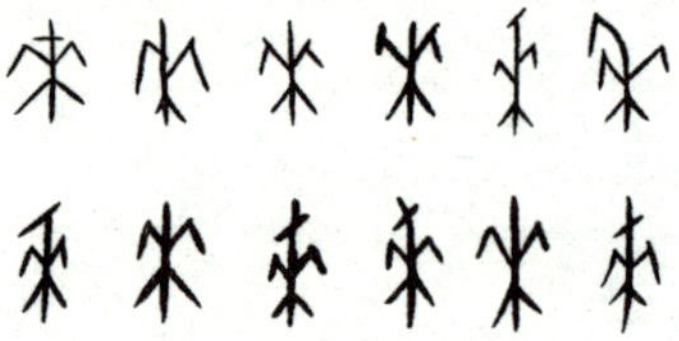

两周金文

秦小篆

现代楷书

来

甲骨文的“来”字（），作一株直茎、垂叶、直穗的植物形状，有时还加上成熟时垂穗的样子（）。但是此字的意义，除偶尔用于表达某种谷物的名称外，大都使用为来往、来日等意义。为什么要利用植物的形象去表达，其间有何种的关联呢？

甲骨文没有留下到底“来”是何种谷类的具体描述。甲骨文还有“麦”字，与“来”字形象类似，大致也作直茎、垂叶、直穗或垂穗的形状，但根部有特异的形象（）。甲骨文的“麦”字使用为本义的谷类或地名，学者认为即后代的小麦，为今日北方的主要食粮。小麦的根部很长，有时

长达一丈多，深入土中吸取水分，与他种谷类作物的根部有很不一样的外观，可能古人就以此特征来造字。

商代主要的谷类作物，从甲骨文常见“受黍年”“受稻年”而没有“受麦年”“受来年”的记载，知道商代的主要谷类作物，北方是小米，南方是稻米，麦与来还不是主要的栽培对象。“来”的字形既然与“麦”字相似，又同是当时较罕见的品种，有可能指同类的植物。地下的考古发掘，反映小麦在商代是稀罕的，很可能是才发展不久的谷物。比较早期的新石器时代遗址都不见小麦的痕迹，只有远离中原的新疆和甘肃民乐发现过。虽然还报告见于安徽亳州钓鱼台，但此遗址的地层不会早于公元前三千到二千年间的龙山时代，甚至有人以为发现小麦的地层是属于西周时代的。

麦不像其他谷类作物常见于六七千年前的遗址，因此不会是中国的原生植物，大半是外来的。或以为青藏高原也是大、小麦发源地之一，不必远从近东引进，但小麦绝不是从远古就见于华北地区的谷物，是不可否认的事实。《春秋》鲁庄公二十八年记载“大无麦、禾”，以麦与其他谷物黍、稷、稻等的“禾”别为不同类别，可能就是因为麦子为外来的品种，而黍、稷、稻等为中国的原生品种。甲骨卜辞提及正月食麦（《合》24440），想是时节性的时令嘉食，不是日常的食品。《逸周书·尝麦解》：“维四年孟夏，王初祈祷于宗庙，乃尝麦于太祖。”谷物的祭品只提及麦，想见其珍贵可比得上牛、羊。两周歌咏麦子渐多，《春秋》一书记载对于麦子的收获比他种谷物更为重视，想来华北地区对于麦子的栽培越来越普及了。

华北气候较为干旱，除了条件非常优厚的个别地方可以种植稻米外，绝大部分的地区都只能种植小米。小麦有细长的根部可以深入土中摄取水分，加之小麦比小米味美而耐饥，容易入口，人们乐于种植。《战国策 · 东周策》有“东周欲为稻，西周不下水，东周患之。……今其民皆种麦，无他种矣”。说明华北地区选择种麦的重要原因在于适应北方干旱的气候。所以到汉代时，小麦终于取代小米，成为北方最重要的食粮。

通过以上的说明，来和小麦都是外来的品种，有可能因此以“来”表达来去、未来等意义。

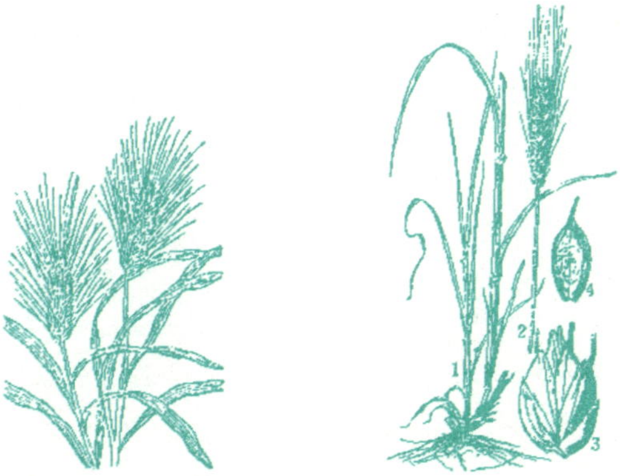

图一 麦

图二 大麦

jì 季

小儿搬运禾束，最后动用的人力。

◆ 字形变化 ◆

商甲骨文

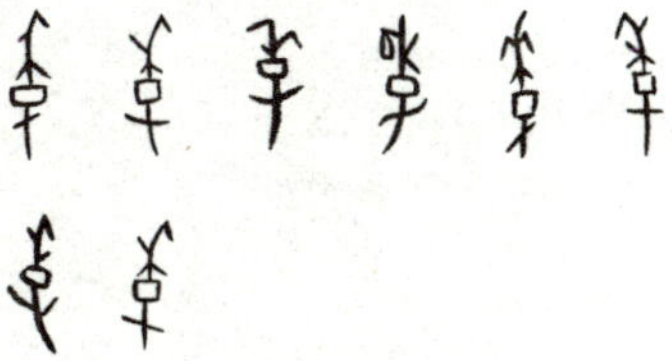

↓

两周金文

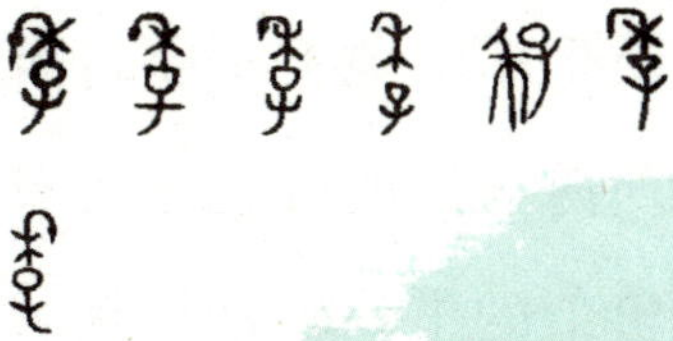

↓

秦小篆

↓

现代楷书

季

人类生活中免不了要对事物做等级的评定，或对序列的前后有所陈述，所以也需要有文字表达此等的状况。相对来说，有价值的事物较常被提及，其等第也容易用一、二、三的数目加以序列。等第比较后段，不容易指出具体序列的，就以“季”字表达，以下介绍其创意。

甲骨文的“季”字，作禾（[oracle bone glyph]）在小孩子（[oracle bone glyph]）头上之状（[oracle bone glyphs]）。这是什么样的情景呢？

甲骨文的“禾”字，描写一株直秆垂穗的植物形。维持生命不能没有食物。早期人类以蔬食为主，后来虽演变为杂食性，但因肉类的生产远较植物量少，而野生谷物的生产也供应不了增加的人口，故而发展了人工栽培的农业。各地区发展了各种适合当地条件的谷类作物。中国文明早期的主要活动区域是华北，在汉代之前，其主要的谷类作物是黍，或叫小米。可以看出“禾”字就是描绘这种植物的形象（图一）。

禾在头上所表现的是怎样的情况呢？可能要和其他二字做比较才可明确了解。甲骨文的“年”字，作一个成年男子（）头顶着禾束之状（）。此字在商代使用于“受黍年”“受稻年”一类的句子，用以表达黍或稻类谷物的收获季节。虽然不同的谷物有不同的收割季节，但在商代，一个地区通常一年只有一次主要粮食的收割。所以“年”字还被使用以表示一年的时间长度。收获季节常是氏族社会计算年代的依据。

在农业较为发达的社会，谷物收割的主要劳动力由成年男子充当，故以之代表收割的活动。如约八千年前裴李岗时期的墓葬，男子多随葬石斧、石铲、石镰等生产谷类的用具，女子则多石磨棒、石磨盘等谷类加工用具（图二）。知男子已成为从事农业生产的主要劳动力，而女子则主理家务。又有类似结构的“委”字，小篆作一个妇女头顶着禾束的样子（）。其表达的意义是不胜体力的委屈、委弱等意思。大致可归纳“季”“年”“委”的创意都来自搬运禾束的体验。因此“季”字表现小孩子搬运禾束之状。

谷物的收获是农民一年一度最重要的活动。收割、晒干、储藏等一系列的工作，要尽量在有限的时间内完成，以免终年的辛劳工作为风雨与其他的因素所毁损。一般来说，男子的体力优于女性，所以耗费体力的生产活动由男性充当。在渔猎采集和早期的园艺社会，农艺是属于辅助性的生产，故是妇女的工作。但是到了大规模从事农耕的时代，收割和搬运大捆禾束的劳动工作就都由男性充当。所以用最常见的成年男子头顶着禾束在搬运的情状表达收获与年度的意义。如果由其他类的人去从事，就用以表示其他偶发情况的意义。因此女子运禾的“委”字就不表达年获，而表达不胜体力的意思。小孩的体力更比妇女衰弱，根本不应从事收割、搬运等粗重工作，只宜做些收割、搬运后捡拾遗穗的轻易工作。除非气候有变，不能不抢时间以提早完成作业，才会动用到小孩子搬运禾束。由于小孩是收获作业最后动用的人力资源，“季”字就被用以表达次第中最末的意义，如冠亚季、伯仲叔季、孟仲季①等。

① 孟仲季：指的是长幼排行的次第。孟，兄弟姊妹中最年长的；仲，兄弟姊妹中排行第二；季，兄弟姊妹中排行最小的。

图一 黍

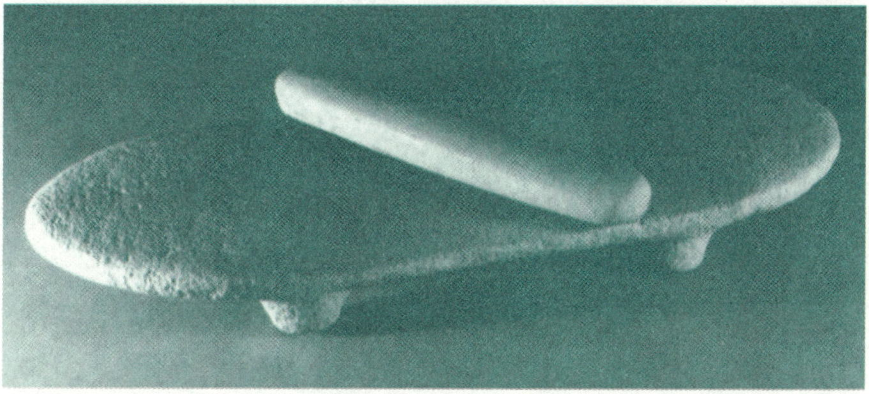

图二 石磨盘与石磨棒

盘长五十二点五厘米，棒长二十八点五厘米

河南舞阳贾湖出土，约八千年至七千五百年前

yǔ

雨

下雨。

字形变化

商甲骨文

↓

两周金文

↓

秦小篆

↓

现代楷书

雨

《说文解字》：“雨，水从云下也。……雨，古文。”甲骨文的“雨”字作雨点自天降下之状。《说文》的雨部收有四十六字，除雷、震等自然天象外，还包括与雨有关的境况，如求雨之祭、声响如下雨、以雨水濡泡皮革等等。甲骨文以“雨”构形的字虽也不少，但大多不认识，其中可能有“霜”字。甲骨文的“云”“雷”“电”等字都不是从雨的形声字，也许古人以眼见自天落下的东西才是雨的类属。霜是地面上的水汽受寒冻凝结而成，创字的时候或可能不把霜看成与雨有关的事物。霜是深秋天气冷的产物，霜降之前就要完成农作物的收割，否则农作物就会被冻死，让一年辛苦的工作白费了。

农作的成功与否取决于很多的因素。有很多是商代的人所难于控制的，如日照的长短、降雨的多寡、虫害的有无等等。所以商王对于这些完全无法预期的、难以控制的、影响农作收成的条件，做了不少的卜问[①]。商人祈望获得丰收，对整个耕作的过程，可以说是小心翼翼的。有关农业的卜辞有四五千条之多，而有关畜牧的则很少。由于农业的成果是生活的最大保障，他们要想尽办法以博取鬼神的好感与同情。所以在收获季节之前要举行很多不同供奉的祭祀，请求众鬼神不要降下危害。当然在有了收获之后，更要以新收割的谷子去答谢。虽然到了商代，人们对于农作物的栽植已有相当多的经验，他们问卜的内容有时却是非常琐碎而具体的，譬如什么时候去耕种，派谁去监督，由哪些人去耕作，我们可以看出其诚惶诚恐，关心农业成果的心情。但是就是看不到有降霜一类的卜问，也许商代的人对于季节的征象已有相当大的把握，播种的时间不会迟误，故不关心下霜的时间，是否会冻死农作物。

① 卜问：以占卜的方法去问事情。

xià

夏

大概是作巫以舞蹈求雨之状。

◆ 字形变化 ◆

两周金文

↓

秦小篆

↓

现代楷书

夏

闷热的夏季到底是依据什么概念创造的呢？

首先参考《说文解字》的解释：“夏，中国之人也。从夊从页从臼。臼，两手；夊，两足也。夏，古文夏。”所谓“中国之人”就是居住在中央地居的民族，有别于东方的夷，南方的蛮，西方的羌，北方的狄。这确实是古代文献常见的意义。那么，“夏”字就是描绘中国人的形象了吗？人类的外形大致是一样的，一般要靠衣着、装扮来分别不同的种族。“夏”字如果只表现有手有脚的人类，恐怕就达不到分辨人种的目的了。还有，分别中国人与其他人种的必要，应该从很早的时候就会有了，可是在甲骨文中还没有见到此字。商人自称为商，提到的其他种族，有夷、羌、土方、鬼方等多样名称，就是不见夏族、夏人一类的名字。因此，“夏”字的创意来自描绘中国地区的人种形象看起来是有问题的。

“夏”字的另一个常见意义是夏季，这是生活中必要的语词，应该很早就被创造了，但甲骨文为何还没有此字呢?

在一个以采集、渔猎为生的社会，只要略知季节，可以依之猎捕某些野兽，采集某些植物就足够了。但是到了以农为生的时代，农作物经常提早或延迟十天种植，就会导致收获的失败，有必要建立更为精确的季节以为农事作业的依据。尤其是到了政府组织严密的时代，就不能不重视时效对于行政效率的影响。所以从一个社会对于时间的重视程度，也可以判断出该社会所达到的经济和文明水平。

对于时间长度的划分，各个社会都无例外，最先只能以自然的现象作为指标，是种不规律的长度。后来人为的制度渐渐发展，就借重各种机械装置，人为地规定时间的长度而与地球每天的自转速度无绝对的联系。

商代的历法已相当进步，已知一年有三百六十五日。一年十二月，大月三十日，小月二十九日，以年中置闰的方式调整年与月的差距。对于一日时间的分段，其分段的名称虽早晚稍有改变，但大致日间的主要段落为：旦、大采、大食、日中、昃、小食、小采或暮或昏。其定点基本上以太阳在天空变动的位置取名。此外还有不少特定的时段，如市日是每天从事交易活动的时间。晚上虽只分夕、夙两段，但因有报更的“更”字，应该还有更细小的分段。

但对于季节，商代却只分春与秋两季，与比较原始的氏族社会基于草木荣枯或谷物收获而分为两个季节，似无大差别。到了西周时代，才有春、夏、秋、冬四季。这时候才出现“夏”字，有可能就是为了这个新的划分，才有了“夏”字，所以“夏”字与夏季可能有密切的关系。

金文的“夏”字，最早作，后来慢慢加上太阳的形象而有、、等形。其重点是画出此人的脸孔与手脚的动作。早期的文字有个习惯，若是要表达贵族或巫师的身份，就画出其颜面来。夏季常有干旱之患，商代最常用以祈雨的仪式是跳舞，《周礼·大司乐》说“大夏”是古时祭祀山川的乐舞。山川是商代祈雨的主要对象，故此假设很有可能。夏季常缺乏雨水，很需要巫师跳舞祈雨，所以以巫作法求雨的形象来表现夏季的季节是相当合理的，所以特地描绘巫师跳舞的动作。

图一 木胎锦瑟巫师戏蛇纹残片

残长十一点五厘米，残宽七点二厘米

战国，公元前四〇三年至公元前二二一年

知识链接

中国古代祭祀活动——雩

古代为求雨而举行的祭祀叫作雩。《说文解字》中对“雩”的解释是：“雩，夏祭，乐于赤帝，以祈甘雨也。从雨于声。”

关于雩祀的记载频繁出现在各种古代文献中。据《汉书·五行志第七中之上》中的记载：“襄公五年‘秋，大雩’。”“二十五年‘七月上辛大雩，季辛又雩’，旱甚也。”“定公十七年‘九月，大雩’。”

qiū

秋

象蝗虫形或以火烤蝗虫之状，为秋季的景象。

◆ 字形变化 ◆

商甲骨文

↓

秦小篆

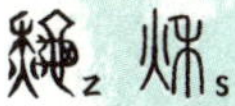

↓

现代楷书

秋

一年四季，春夏秋冬，是大家耳熟能详的常识。但是对于天文学已有相当了解的商代，一年却只分春、秋二季。到了周代才见到四季的个别名称。甲骨文的“春”字我们已能辨识，是以声符的屯，加上意符的木、林或日等的组合，是个形声字。大致表示有充分阳光的种植季节，或树木生长茂盛的季节之意（）。那么，另一个相对的季节应该就是收获的秋季了。不过，不能简单就这样认定，凡事都需讲求证据。

甲骨文的“秋”字作一只动物的形象（），或者是这个动物被火所烧烤之状（）。这到底是什么样的动物？

为何要以火烧烤之？为何可代表秋季？这些都是我们想要得到的答案。从字形看，这个动物有脚，头上有一对弯曲的触角，背上还有可飞翔的翅膀，大半是某种昆虫的形象。

能正确辨识这个字，《说文解字》的功劳很大，其解释“秋”字：“秌，禾谷熟也。从禾，𪚰（jiāo）省声。龝，籀文不省。”《说文解字》里所谓省声的说法大都是不可靠的。看起来，是因为这个字的字形和常见的“龟”有点像，因而被误会为“龟”。但是，龟和秋天没有紧密的关系，推测此字的变化，大致因为是表达收获季节的字，所以就在甲骨文的字形之上添加一个禾束的形象。但是这个由三个独立字形组合的字形又太过复杂，于是省去最复杂的动物形象而成了从禾从火的“秋”字了。或者又加上日，表示与日期有关。

这个字在甲骨卜辞中，除了表达秋季的意义之外，又用以表达某种灾难。如“今岁秋不至兹商？”(《合》24225。今年这个秋的灾难不会来到我们的商国，是吗？)，“其宁秋，来辛卯酒？”(《合》33233。将要安宁秋的灾难，在将到的辛卯日用酒来祭祀是合宜的吗？)，“其告秋上甲，二牛？”(《合》28206。将报告秋的灾难于祖先上甲，使用二头牛是合宜的吗？)。

在中国的历史上，蝗虫是收获前常遇到的天然农业灾害，非常受到主政者的重视。《春秋》一书就曾记载蝗虫之灾难数十次之多，一般认为其灾难比起水旱之灾更为厉害。因为水旱之灾，多少还可以保留部分的收获，而大群的蝗虫铺天盖地地前来，整个庄稼被吃一空，无有幸存者，所以更为可怕。古人对于蝗虫的灾难没有适当的防范办法。幸好蝗虫有扑向光亮的习性，农民就烧起大火，让蝗虫自往投扑光亮的热火而被烧死。可以想见，因蝗虫是活动于秋季的昆虫，所以古人用以代表秋季。

商代只有春与秋两个季节。那么，秋季是包括之前的夏季，还是之后的冬季呢？我们现今的习惯，叙述季节的次序是春夏秋冬。可是《汉书·五行志》所记载的蝗虫灾难都发生在夏天之末及秋天之初。如果古人以蝗虫出没的时间作为季节的标示，那么，比较可能的安排就会是秋季包括之前的夏季，而春季包括冬季，与我们现今的习惯不同。秦朝及汉初以十月为岁首，即反映冬季为政府会计年度之始的习惯，因此春季包括冬天，秋季包括夏天。

图一 台湾大蝗（蝗科）
体长，雄五十至六十五毫米，
雌七十五至八十七毫米

nóng

农

林与辰组合，以蜃制工具在森林从事农业之意。

字形变化

商甲骨文

两周金文

秦小篆

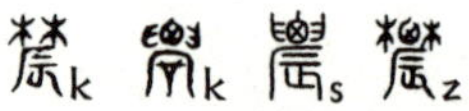

现代楷书

农

摄取食物是所有生物维持生命的必要行为，人类不能例外，所以寻找和生产食物始终是人类最重要的活动。早期的人类，食物都是采集自天然的产物，因此要过流动的生活。当某地的资源被利用殆尽时，就得移到其他有资源的地点过活。这样的生活很不方便，而且前往的地点也不一定有足够的食物。经过了几百万年，人们逐渐学会驯养动物成为家畜，改良野生植物成为栽培作物。

过原始生活的人们，不必太劳苦就可以采集到足够热量的食物。但是人口压力迫使人们要发展比采集更进步而可预期的生产方式——农业。旧石器时代的晚期，一百平方英里[1]的区域约可支持十二个半人的生活。在初级采集、渔猎的社会可支持一百人，在高级采集社会则可支持一千五百至二千人。但是发展园艺农业后，同样的面积却可养活二千五百到二千七百人。越进步的农业技术，养活越多的人。所以东汉的班固在《白虎通》中说：“古之人民，皆食禽兽肉，至于神农，人民众多，禽兽不足，于是神农因天之时，分地之利，制耒耜，教民农作。”

农业的生产远比采集、渔猎与畜牧的生活方式可以养活更多的人口，因此一般以为畜牧的发生早于农业。所以中国传说的历史，先是开天辟地的盘古氏，经构木巢居时代的有巢氏，钻燧取火时代的燧人氏，网罟[2]（gǔ）渔猎时代的伏羲氏，种植谷物时代的神农氏，终而进到创建帝国的黄帝有熊氏。伏羲氏早于神农氏。但是就目前的考古讯息看，中国在一万多年前已成功栽培稻米，但没有证据可断言之前已驯养家畜。稳定的农业生产才能保证畜产的成功。

人类逐渐依重栽培作物过活，中国人到了有史的阶段，农业已是生活的最重要方式。甲骨文的“农”字由“林”及“辰”组成（）。“林”以并排的树（）表示有很多树林

① 英里：英美制长度单位，一英里约等于一点六一千米。
② 网罟：文中指的是捕鱼和捕鸟兽的工具。

的地区。“辰”(）即“蜃”字的初形，应该侧着来看（），像有硬壳的软体动物附着在某物之上状。河蚌是旧石器时代以来人们捕食的对象，并被制为装饰物。蚌壳的重量轻，质硬，又不需费太多的加工，其破裂处很锐利，是古人常利用的理想切割工具。蚌壳虽不堪用以砍伐树林，却是理想的除草和割穗的工具。《淮南子·氾论训》就有“古者剡（yǎn）耜而耕，摩蜃而耨（nòu）”的叙述。“农”字的原来创意就是在树木众多的地方，以蚌壳工具去从事除害苗以及收割等农耕必需的工作。江西万年县仙人洞在早期的阶段就发现数量可观的蚌器了。

较初期的农耕方式是焚烧山林，清理耕地，并以树灰为肥料。那时候，人们尚无能力开辟草地，农地也没有一定的疆界。看起来，甲骨文“农”字的创意是基于甚为古老的农业技术。后来发展到在规划整齐的平地上操作，不再是无计划、无规整的烧山方式。于是西周的金文就在商代的字形上加一个界划整齐的“田”(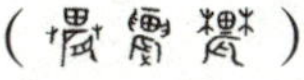），表示已普遍采用比较进步的耕作方式了。到了商代，农业已是一般人主要的生活方式，是一早起来就得去做的事。所以“农”字在商代也与“晨”字一样，是时间副词，有早上的意义。甲骨文的“晨”字（），以双手持拿蜃制的工具会意，表示收拾蚌刀以便一大清早就去农地从事除草的工作之意。

知识链接

神农氏

神农氏是我国古代传说中的人物。传说神农氏既是农业的发明者，也是医药的发明者。还有一种说法认为神农氏就是炎帝。

相传耒耜就是神农氏教人们使用的，《易·系辞下》中有记载“神农氏作，斫木为耜，揉木为耒”。又有神农氏尝百草的传说，《神农本草经》一书就是撰者托名神农所著，全书分三（或四）卷，载药365种（植物药252种，动物药67种、矿物药46种），是中国现存较早的药物学重要文献。

lí

厘

手持杖以打下禾穗，丰收为可喜之事。

◆ 字形变化 ◆

商甲骨文

↓

两周金文

↓

秦小篆

↓

现代楷书

厘

对一个农业社会而言，没有比经过了长期辛劳的耕作后，终于可以获得预期的收获，一段较长时期的生活有了保障，更快乐的事了。商代以收获农作物的喜悦来表示生活幸福的意义。甲骨文的“厘”字，作一手拿着木棍，正在扑打禾束以便打下谷粒的情景（），有时禾束还拿在另一手里（）。恭喜新年的“喜”应该写这个“厘”字，“里”是后来加上的声符，表达家庭的喜悦。农业是当时国家最重要的财政来源，人民普遍以谷物付税，故“厘”就有治理、厘定等意义。

摘取谷物最原始的方法是用手摘取穗的部分。小篆的“穗”字，作一手摘取禾端之穗状（）。到了新石器时代，就进步到用内弯的石刀摘取谷穗。龙山时代开始出现石镰，有人以为是割禾茎用的。依据商代冶金技术的水平，当时应该有较锐利的铜工具，连茎带穗一起割下来。以手摘取谷穗或拔取禾茎，在当时被认为是没效率、错误的方式，所以金文的“差”字，就作以手拔禾之状（）。而相反的，甲骨文的“利”字，最繁的字形作以手把持禾，一把刀割下禾茎而与根部分离之状（）。这样的方式不但提高收割速度，禾秆也可以充作他种用途。

谷类的仁实有的坚实，有的松散，但都有坚硬的外壳，要去掉外壳才能食用。故一旦有了采集或收割谷物的活动，大概就会使用某些工具或设施从事去壳的工作。华北一些早期的遗址，公元前五千六百年的河南新郑裴李岗，以及稍晚的密县、巩县、舞阳和河北的武安磁山等古老遗址，都发现了像图一所示的这一套专为去外壳的石磨盘及石磨棒。磨盘的形状都大同小异，是一块前后端修整为圆弧状的扁平状长板。板下总有两两相对的半球状突出小足。石磨棒则一如擀面棍，大致是磨盘的一半长度有多。

从发掘的数量看，石磨盘和石磨棒应该是那时家家户户都具备的用具。其作用是把少量的谷物放到磨盘上，双手拿着磨棒在谷物上压碾，去掉其外壳而取得其中的仁实。这样的去壳所得量不多，颇花费时间，而且谷粒也易因碾压跳动而逸跳出窄盘外。不过这时的农业，虽然已脱离初期的阶段，仍然在山坡做小面积的耕作，辅以渔猎活动，尚未进入完全以农业为生的阶段，日常谷实的需要量不多，石磨盘还足以应付需要。到了公元前四千多年西安半坡和余姚河姆渡遗址的时代，农业的依赖度提高很多，天天消耗的粮食增多，以石磨盘做少量的脱壳已经不符合经济效益及便利日常生活，不能不思考改良之道，脱壳工具就采用效率很高的木或石制的臼与杵，这种平板状的去壳工具就不再出现于遗址了。甲骨文的“舂（chōng）”字（）作双手拿着杵棒在臼中捣打谷粒之状，表现了后代一直持续使用的于臼中去壳的作业。使用杵臼去脱谷壳，双手可以大大地使力，加速作业的进行，在现代脱壳机械发明之前，那已是最有效的方式了。

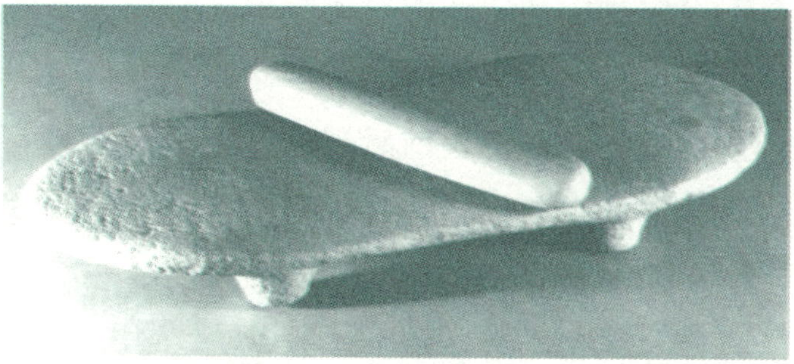

图一 石磨盘与石磨棒

盘长五十二点五厘米，棒长二十八点五厘米

时代约为八千年至七千五百年前

知识链接

中国古代农业工具

中国是农业大国，农业生产有几千年的历史。在这几千年中，人们耕种使用的农业工具在不断变化。

夏商周时期，尽管已经有了青铜生产，但农业工具还是使用木、石、骨为主要制作材料，比如石磨盘和石磨棒。春秋战国时期，铁制的农业工具代替了原有的木、石材料农业工具，农业生产水平得到了很大的提升。到了宋元时期，农业工具的发展趋于多样化和广泛化，农业动力上除了传统的人力和畜力，还发展了风力与水力，大大提高了生产效率。明清时期的农业工具较之元代仍有改进，比如明末创制的代耕架，且由于钢铁冶铸技术的提高，农业工具的加工程度也越来越精细。

páng

旁

犁刀之上装置直板犁壁，作用是把翻起的土块推到两旁。

字形变化

商甲骨文

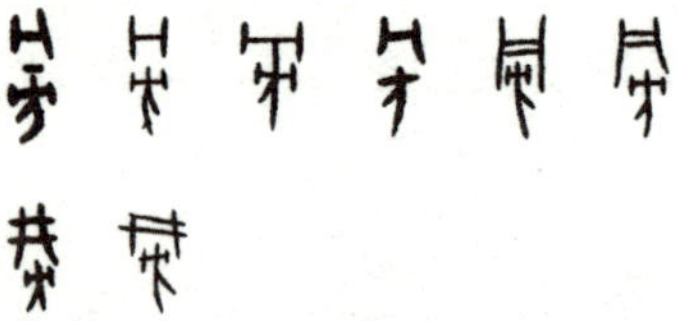

↓

两周金文

↓

秦小篆

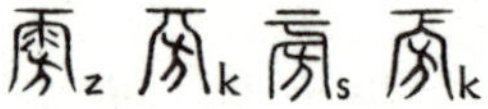

↓

现代楷书

旁

好逸恶劳是人的习性，我们可以想象，如果不太劳苦就可以采集到足够热量的食物，需要劳力的农业就不会产生。是人口的压力迫使人们发展比采集更有效率的生产方式，因而有栽培作物的创发。也因同样的原因，耕作的方式和技术都各有所改良。

当人们被迫要有所劳动才能获得谷物时，较初期采用的方式是所谓的刀耕火耨。那是放火焚烧山林，清理出耕地，并以树木的灰烬作为肥料，先在生硬的耕地上洒水使稍微软化，然后播撒种子，利用脚踩的方式把种子踏入土中。由于种子下播于土中的深度不够，产量不高。慢慢发现加大播种的深度可提高产量，就得使用工具才能使更多的表土松软，使种子播得深些，于是发明了挖土的工具。

人们开始时可能用双手持拿石铲、石斧或削尖的木棍挖土，渐渐发现在尖棍的下方缚捆一块踏板，用脚踏踏板使尖刃插入土中，不但省力很多，还可以刺入土中达一定的深度，方便种子的下播。这种原始的挖土工具就是甲骨文“力”字（）的象形对象。使用这种工具，脚踏尖刃入土中后，还要双手往内压着柄，才能铲上一块土来。一次一小块一小块地慢慢整理出一条浅沟来，然后播种，掩土，静待植物生长。使用这种简单的挖土工具需要相当大的力气，所以以之表达力气。

一铲一铲地挖土，工作效率差，花费的时间也长，人们慢慢想出改进的办法。如果刺入土中的刃，可以使之持续前进，不就可以省下一次次的压柄与脚踏尖刃的时间吗？这种持续前进的翻土工具叫犁。

甲骨文有“旁”字，作有歧齿的犁刀（）上装有一块横板的犁壁形（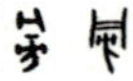）。图一是犁把的结构细节，犁壁的作用是把挖起来的土块推到两旁以方便耕作的作业，因此有了近旁、两旁等意义。犁头上方的犁壁一般有两种形式：平板犁壁多用于生硬的生地，因可减少阻力；曲板犁壁（图二）则多用于松软的熟地，因阻力比较小。有位农民告诉我，他们还使

用竖板的，将土块只推到一边。

犁壁是拉犁的耕作方式才需要的工具。结合几个人的力量虽然也拉得动耕犁，但不如用单一的力量来得容易协调。商代已知驯服牛马拉车，犁的操作比车子简单，所以商代有应用牛、马拉犁耕作的可能性，理论上应该不成问题。牛耕提高土地的利用率，才足以应付众多的人口。晚商的国都安阳，应该是人口比较集中的城市，应有相当高的土地利用率，使用牛耕才足以应付众多人口的要求。但文献少具体反映此情况，不少人认为要到春秋时代才有牛耕。不过，商代有牛耕也是可以从甲骨文得到证明的，以后再介绍。

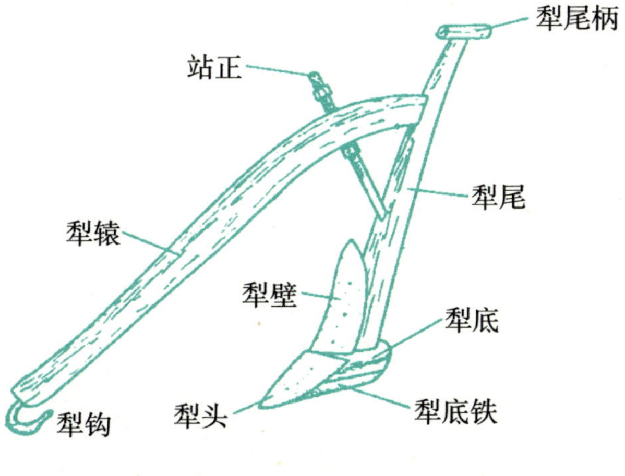

图一

图二 铁犁与曲板型犁壁（铧）
西汉，公元前三世纪至公元一世纪

liú

留

田旁水沟，可蓄水以待灌溉表意。

字形变化

两周金文 

↓

秦小篆 

↓

现代楷书 留

从甲骨卜辞知道，商人最常祭祀的神灵是岳与河。岳在商代指现今的霍山，而不是一般山峦的泛称。它坐落在山西省霍州市东南，海拔二千五百米以上，在商人当时所栖息的地域中是最高的山脉。在地形上，高山迎风而容易降雨。雨是古代农业种植的主要水源，岳神大致就因此而受到农耕民族的崇拜。

卜辞的河也是黄河的专称，而不是一般的河川。在商人居住的地域，黄河最长，水量最为丰富。黄河常因暴雨而改道，造成很大的灾害。商人不能不忧虑，特意取悦，以防其发怒而造成灾祸。

岳与河既是商人求雨与求年的最重要对象，可能除了希望两位神灵不带来灾难外，因水也是发展农业所不可或缺的，商人之崇拜岳与河神可能更有积极的目的，乃借用水量灌溉农田。

居住华北平原的人经常遭受水、旱的灾难。如果没有有效的防洪、泄洪和蓄水的水利设施，很难在那里建立人口高度集中，长期定居的农业经济和政权。华南的人们从事水稻生产，对于低平地势及纵横交错的水道，至商代已累积了二三千年的经验，应已初步掌握了根据地势高低开沟引水和做田埂等等排灌技术。他们比较有堰水开渠的知识而发展到华北平原去谋求生活。

建造水渠需要大量的人力，为使工程进行顺利，又需要良好的组织及号令。考古工作人员在河南郑州发掘出一座早于安阳时期的中商城址，有人估计动用一万劳工，要十八年的时间才能完成。从这个工程的规模，知道组织民众建造大工程的能力早在商代就有了。

甲骨文的“劦”(协）字由三个“力”组成（)。甲骨文的“力”字，是一种原始的挖土工具象形，是缚捆踏板于一根尖木棍的下方，以便踏脚刺土的简单工具。“劦”字以三把挖土工具表示众人协力工作之意。此字常作三“力”之下有一深坑之形（)。只有修建大型宫殿基址，或蓄水、堰水

的工程，才需要纠合众力挖掘深而大的坑洞。此字在甲骨卜辞中用于与农田有关的设施。以商代的社会背景看，以挖掘水坝工程为最适当。因为耕地不必挖土太深，深坑既是“劦”字表达的重点，则目的比较不会是农耕的松土，应该是防旱、防涝的水利工程。商王朝从盘庚移都安阳后就不再迁徙，一方面得力于安阳的地形和地势，另一方面也可能是有了堤堰一类的建设。

远在六千多年前，人们已会挖掘深沟，防备野兽的侵袭或排泄雨水。约公元前四千至三千年的东海岸马家浜文化遗址也有开凿小渠道，引水进入居住地的设施。河南的龙山文化遗址也有水渠的遗迹。商代更有控制水流量的水闸痕迹。

在安阳发现的商代水沟有不少埋在基址之下，很可能是废弃的灌溉系统，而不是住家的排水系统。水沟两旁有木柱护堤（图一），这些水沟显然经常流通大量的水，故设计木柱护堤以防崩塌。金文的“留”字，作田地之旁有水渠之状（）。水渠滞留他处引来的水以备灌溉田地，故有保留、存留等有关的意义。蓄水灌溉是水沟的扩大应用。安阳也发掘出像是蓄水池的长方形水池。从种种迹象推测，商代有蓄水灌溉的设施该不成问题。

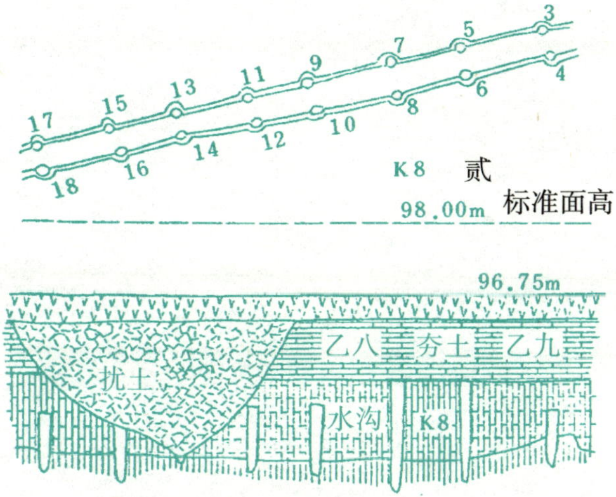

图一 商代水沟段落的鸟瞰图

知识链接

龙山文化

龙山文化是新石器时代晚期的文化。分布于黄河中下游。年代约为公元前2600—前2000年。这段时期多有薄而漆黑光亮的黑陶，因此也叫作“黑陶文化”。社会经济以原始农业为主，畜牧业和制陶、琢玉等手工业也较为发达。

目前，被发现属于龙山文化时期的遗址有：藤花落龙山文化遗址、丁堌堆龙山文化遗址、淄博龙山文化古城址、河南龙山文化时期城址、景阳冈龙山文化城遗址和平教场铺龙山文化遗址。

tián

田

区划规整的农田形。

◆ 字形变化 ◆

商甲骨文

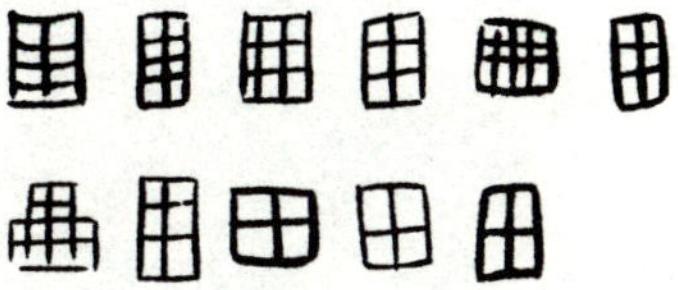

↓

两周金文

↓

秦小篆

↓

现代楷书

田

甲骨文的“田”字有两种字形，意义不完全一样。一形作一块矩形的土地被分隔成四块的规矩田地形（田）。另一形则作一块土地被分隔成很多块的规矩的田地形（），少者六块，多者十二块。把土地分割成规矩的形状，是为了行政管理的方便，容易计算土地的面积，以便将面积作为税收的根据。这是国家组织建立之后才普遍有的现象。在商代的占卜刻辞里，这两类的字形，其意义稍有不同。前者除表达田地或有关主管田地的官员等意义之外，如“以多田伐右封……”“令曼垦田于……”，还表达了田猎的意义，如“辛酉王田于鸡麓，获大霸虎……”。但是作多块土地的“田”

字，则只表达与田地相关的意义，如“王令介田于京”“以多田、亚、任……”，从来没有像第一形的“田”字有提及捕猎到的动物数量。

用分割方正的土地来表达农田的意义是很容易了解的，但为什么用以表达田猎的意义呢？田地是为了种植庄稼而开辟的，游猎应该是在原野或丛林进行，如在田地里进行，岂不把辛苦种植的庄稼给破坏了？

农业的生产远比采集、渔猎与畜牧的生活方式辛苦，但可以养活更多的人口，所以如果没有充分的压力，人们是不会选择这种辛劳的生活方式的。东汉的班固在《白虎通》里说：“古之人民，皆食禽兽肉，至于神农，人民众多，禽兽不足，于是神农因天之时，分地之利，制耒耜，教民农作。”充分说明农业发生的背景。所以用农耕的田地表达田猎的意义一定有充分的理由。

从甲骨刻辞可以了解，鹿类一直是商人猎获最多的野生动物。如一次大规模的狩猎，捕得鹿四十、麑（ní）[①]一百五十九、狐一百六十四及一只虎（《合》10198）。鹿类繁殖快，性喜水草，生活环境与人类最为接近，为最接近人类生活的野生动物。加以它们没有致命的攻击能力，所以成为

① 麑：幼鹿。

人们最喜欢捕猎及最易捕获到的野兽。

鹿的皮、角、骨、肉都有利用的价值。不但是商代，就是今日，鹿角还被认为是美丽而可当装饰品的东西。西周时代的甲骨文“丽”字，就把鹿的一对歧角特别画得粗大以表达美丽的意义（）。所以东周时代楚地墓葬里很常见的木制镇墓兽，都装饰有长而分歧的鹿角，见图一。

但是商周时代，捕捉鹿麋似还有比装饰更重要的经济目的[①]。鹿类性喜结群行动，其采食之地常是人们种植庄稼之处。其活动自然会妨害农作物的生长，故农民要擒捕或驱逐之以防备作物受到破坏。《春秋》鲁庄公十七年有多麋为灾的记载，表示作者的关切。《礼记 · 月令》更有于孟夏驱兽毋害五谷，保护田苗的积极措施。其所驱逐的兽类主要就是鹿。

可以推论出，以种植谷物的农田去表达捕猎的活动，必是由于捕杀、驱逐野兽的工作常在农地附近举行，以防野兽践踏、吃食了田苗。打猎被认为是耕地的辅助作业之一。所以从“田”字的使用，可以看出至迟商代，一般人的捕猎已是为了保护农作物的附带工作，不完全是为了肉食或毛皮等的供应了。

---

① 严禁捕捉野生动物，我们应该珍惜保护野生动物。

图一

（左）漆绘木雕梅花鹿

高七十七厘米，战国早期，公元前五世纪至公元前四世纪

（右）鹿角及漆绘木镇墓兽

高九十六厘米，东周，约公元前五世纪至公元前四世纪

jí

耤

象一人推着犁，或脚踏犁用以耕地之意。

◆ 字形变化 ◆

商甲骨文

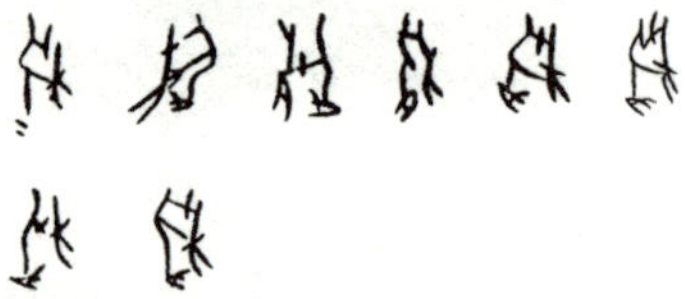

↓

两周金文

↓

秦小篆

↓

现代楷书

耤

事物的进展大致有一个通则，就是有用的被保留下来，并加以改良，效用小的就逐渐被舍弃了。文字的研究者就是要观察一个字的演变轨迹与发展的趋势，以期更正确地了解一个文字的创意。

甲骨文有个字（），出现很多次，比较完整的作一个侧立的人，手拿着一把工具，一脚站立，一脚抬高而踏在某件工具的中段。这个字表现了人对于某种工具的操作方式。在卜辞中，这个字是个官员的职称，职务和农业的收获有关。

这个字在金文里找到繁复的写法、、，结构和意

义和甲骨文的一样，只是多了一个“昔”字。《说文解字》对此字的解释：“耤，帝耤千亩也。古者使民如借，故谓之藉。从耒，昔声。”确定了甲骨文的字是“耤”，表达的是一个人把抓着犁（犁尾柄），一脚踏在犁上（站正），一脚站在地面的犁耕形象。犁耕是当时的重要生产方式。图一东汉画像石上的图案，犁之前有二牛拉曳着。有趣的是，四千四百年前的埃及壁画，也是两头牛拉曳着耕犁在耕作（图二）。

“耤”字的创意方式原来最先是表意的，后来为了易于音读才加上“昔”的音标，但是这样的字形太繁复，因此就减省了推犁的部分形象而变成从耒昔声的纯粹形声字了。

人类思考的方式大致有一定的模式，各民族想象出来的造字方法也是差不多的。基本上，有形体的就画其形体而成为象形字。抽象的意思就要借用某种器物的使用方式、习惯或价值等的联系去表达而成为表意字。如果是不容易画出的事物，或难于表达的意义，就要通过标音的方式而成为形声字。

人们在领会形声字的造字法之前，由于语言中有很多概念很难用适当的图画方式去表达，而日趋繁杂的人事，也没有办法给每一个意思造一个专字，于是就想出了两个变通的办法以解决使用上的困难。一是引申，用一个字去表达一些与其基本意义相关的意思。如“冓”以两个木构件相互交接之状，扩充到各种与交接、相会有关的意义。后来分别以各种意符加到“冓”字之上而形成了构[1]、覯、耩、搆、篝、傋、韝、媾、遘、沟、讲、购[2]等从冓声而与交接的概念有关的形声字。一是假借，当一个意思难以用图画去表达时，借用一个发音相同或相近的现成字去表达。譬如“黄”字，甲骨文是一组璜佩的象形，被借用以表达与佩玉无关的黄的颜色。后来为了要避免可能的混淆，就在本义的“黄”字上加个玉而成“璜”的形声字，以与假借意义的黄颜色有所分别。另外还有少数是为了让音读清楚而在象形或表意字的上头加一个声符而成为形声字，“耤”就是这样的例子。

一般说来，象形或表意字加音读是为顺应新的需要而完成的，后来如有简化的情形，也都把音符的部分保留下来而省掉其他的内容。但有偶尔把音符省掉的，那原因大半就是语音产生了变化，已不能真正表现其音读了。如“疑”，甲骨文作一个拿着拐杖的老人张开嘴巴，犹疑不知前往何方之意（）。有时加一个行道，使其意义更容易了解（）。到了金文的时代，此字就多了个牛的符号（），牛与犹疑没有意义上的关联，所以是声符。声符本来是不会减省的，可是到了小篆的时代（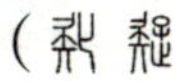），ng 的声母已不存在了，牛变成 n 声

① 构：繁体为“構”。
② 购：繁体为“購”。

母，与“疑”的声读就不谐合，所以就被省略了。

图一 东汉画像石上的牛耕图

图二 埃及壁画上的牛耕图

hǔ

虎

整只老虎的形状。

◆ 字形变化 ◆

商甲骨文

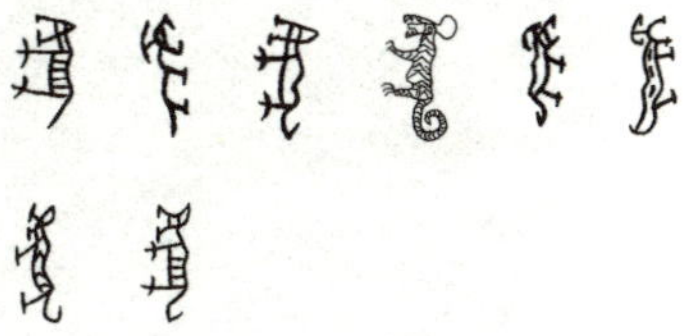

↓

两周金文

↓

秦小篆

↓

现代楷书

虎

虎属猫科，不计尾巴，身长可达二米，重二百公斤以上。虎凶猛，有强壮的身躯、锐利的爪牙、敏捷的动作，是亚洲野兽之王。虎很能适应环境，分布地区广大，是中国古代常见的动物。虎的生活环境杂草丛生，潮湿而软，逐渐被人们开发为田地而失去生活的天地，所以也几乎在中国境内绝迹。在野生的动物中，虎可算是人们最熟悉而常见于装饰的题材。

甲骨文的“虎”字，是一只躯体修长，张口咆哮，两耳竖起的动物象形（）。捕猎老虎具危险性，如果不靠陷阱、毒药，古时候想要用武器猎获它是很不容易的。所以对古代的猎人来说，虎是可以夸示勇力的猎物。商王捕

到老虎的地域虽有多处，但在大量的猎获物中，只能捉到一二只而已。譬如在一次大规模的狩猎中，捕得鹿四十、狐一百六十四、麑一百五十九等，但老虎才一只（《合》10198）。比起皮坚甲厚的犀牛动辄十只以上，即可见老虎难于捕获的程度。

由于老虎不易捕捉，最后的商王纣在鸡麓捕获一只大烈虎，就特地取下其前膊骨，正面还雕刻很繁缛的花纹，两面的花纹和铭辞都用贵重的绿松石嵌镶（图一）。显然在炫耀其打猎的成果，作为赏玩展示之用。战利品的装饰在古代也有表示地位的作用，因为只有拥有徒众的贵族才有办法捕猎到大型的野兽。

老虎对人们的生命和家畜都构成威胁。中国人不但对之没有恶感，甚至还相当崇敬。古代铜器上常见的饕（tāo）餮（tiè）纹，有大半是取材自凶猛的老虎。虎大概被视为有毛动物中最具神威者，有避邪的魔力，因此与鳞虫之龙、羽鸟之凤、介甲之龟蛇等神灵动物合称四灵，分别代表四个方向及季节。后来更与五行说配合而有东青龙、南朱雀、西白虎、北玄武之称。其实，虎的毛色最常见的是黄色，五行论者把虎的毛色说成白的，不知是偶然的配合，还是有意的安排。虎的平均寿命才十一岁，就附会说虎五百岁毛色变白，在王者不暴虐，恩及行苇时才出现。

老虎被中国人视为农业的保护神。在农作物漫长的生长过程中，破坏大约来自两方面。一是田苗受野兽的践踏及啮食，故古时有于孟夏驱野兽以保护田苗的积极措施。虎以鹿、田鼠等弱小野生动物为食，间接帮助农业的生产，故农民欢迎它。农业的另一破坏因素是供水不足。在水利不发达的古代，农作物的收成常取决于适时的降雨与否。水量不足的时候常多于降水过多。旱魃[①]（bá）是传说降下旱灾的祸首，《风俗通》说虎能噬食鬼魃，这不也是帮了人们一个大忙吗？

古人认为威力越大者，其魔力也越高；还认为与某样东西有了关系，就会感染其魔力。后世的人对于这种原始的信仰虽已淡薄，但多少还有些遗留。故武士喜以虎头或虎皮来装饰戎服，希望借其魔力降伏敌人，至少也可避邪。民众大概觉得凶猛的老虎有足够的力量保护幼儿不受到妖邪之气的侵害，或是希望男儿长得勇猛如虎，就把男孩的帽子缝制成老虎的样子，所以老虎也就成为幼儿的保护神。甚至成年人也购买老虎造型的枕头，希望避邪。

① 旱魃：传说能造成旱灾的怪物。

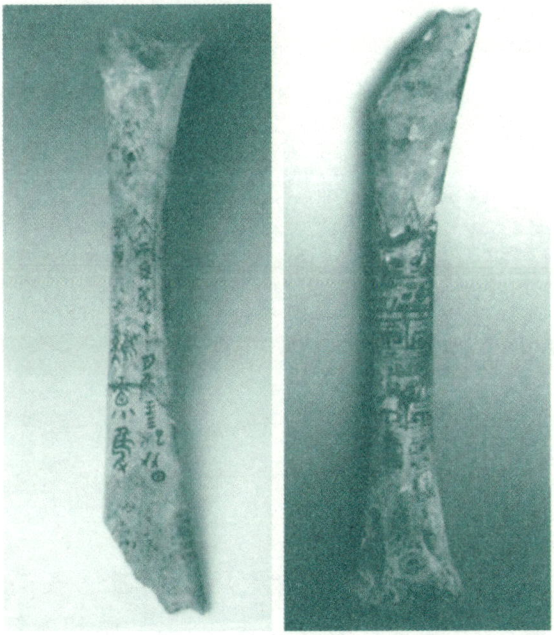

图一

知识链接

商周青铜器上的纹饰

商周时期铸造了大批精美的青铜器，表面大多刻有精美的纹饰，常见的纹饰有夔龙纹、饕餮纹和云雷纹等。

夔龙纹，也叫“夔纹”。夔是传说中的一种仅有一只脚的动物。《山海经·大荒东经》中记载：“其上有兽，状如牛，苍身而无角，一足，出入水则必风雨，其光如日月，其声如雷，其名曰夔。”

饕餮纹，也叫“兽面纹”。饕餮是传说中一种凶恶的野兽。《山海经·北山经》中记载：“有兽焉，其状羊身人面，其目在腋下，虎齿人爪，其音如婴儿，名曰狍鸮，是食人。”这里的“狍鸮”就是指饕餮。

云雷纹，连续的回旋状线条。一般称圆形的为云纹，方形的为雷纹。

xiàng

象

整只象的形状。

字形变化

商甲骨文

↓

两周金文

↓

秦小篆

↓

现代楷书

象

甲骨文的“象”是个象形字，清楚地描画一种有长而弯曲鼻子的动物（）（铜器的图像，）。

象生活于茂密丛林或热带稀树的草原，是现今陆地上最庞大的动物，现在几乎已在中国绝迹。但地下发掘可以证实，象曾经长期在中国境内生息。浙江余姚河姆渡的一个六千多年前的遗址，出土象的头骨和有双鸟朝阳的象牙雕。河南安阳的商代遗址也出土象骨，并有铸造和琢磨得栩栩如生的写实铜象和玉象器物。四川广汉更发掘出一个约是商代的祭祀坑，掩埋有大量的象门牙及整只的象牙。这说明了象在华北地区曾栖息过，人们有充分的时间观察其生态，做正确的描写。

《帝王世纪》有帝舜死后，群象受其伟大人格的感化，自动地在其墓地周围耕田的传说。西周铜器《匡簠（fǔ）》有作象乐、象舞的铭文，都说明古人知道驯象的技术。帝舜的时候是否已有以牲畜拉犁的知识尚待证实，但从此传说，可知人们晓得服象的事已有长久的历史。象的性格虽温顺，但非洲象体重可达七千五百公斤，肩高三四米。印度象虽体格较小，也重有五千公斤，肩高二三米。当人们初次见到如此庞大的身躯，一定对之有相当大的戒心。想法加以驯化必是相当晚的事情。

古代中国除以象从事劳役外，还利用其庞大的身躯于战争。《吕氏春秋·古乐》说商人服象为虐于东夷。《左传》更具体地记载楚昭王于公元前五〇六年，用火烧大象的尾巴以激怒之而冲突吴军的阵地，取得很好的效果。在象大量生殖的印度，乘象作战更是常事。

象有终生生长的象牙也是人们珍惜的动机。非洲的大象牙有二米长，四十五公斤重。象牙质地滑润细致，纹理规则，容易刀刻，且不崩边缘，可以雕刻出比玉、骨器更精巧细密的艺术品。《韩非子·喻老》说：“宋人有为其君以象为楮叶者，三年而成。丰杀茎柯，毫芒繁泽，乱之楮叶之中而不可别也。”

象的食量相当大，每天消耗的草料要超过二百公斤。商代的农业已颇发达，很多山林被开辟为农田，人们没有足够的草料大量饲养这种庞然大兽。而且象至少要二十岁以后才能从事稍为复杂的工作，工作效率远低于牛、马。只饲养少量的象，作为帝王的玩物，或应付礼仪所需。大致春秋时代的江南还有些象，故楚王才能应用之于战场。周代以后气候转冷，不再恢复过去有过的温暖，象被迫南迁，寻找更适宜的环境，同时因不符人们的经济效益，加速了在中国境内的灭绝。

图一 青铜象尊

高二十二点八厘米，长二十六点五厘米

商晚期，公元前十三世纪至公元前十一世纪

知识链接

象的保护

象是陆地上现存最大的哺乳动物，耳朵大，长长的鼻子呈圆筒形，能蜷曲，全身皮厚毛少，大多有一对长而大的门牙伸出口外，常吃嫩草和野菜等。象包括亚洲象和非洲象两种。2021 年国家林业和草原局、农业农村部发布的《国家重点保护野生动物名录》把亚洲象列为国家一级保护动物。近些年，随着保护野生大象力度不断增强，亚洲象的数量有所增长，但仍存在偷猎的现象。

每年的 8 月 12 日是世界大象日，旨在呼吁人们关注身处困境中的大象。

niú

牛

以头部形象代表牛的种属。

◆ 字形变化 ◆

商甲骨文

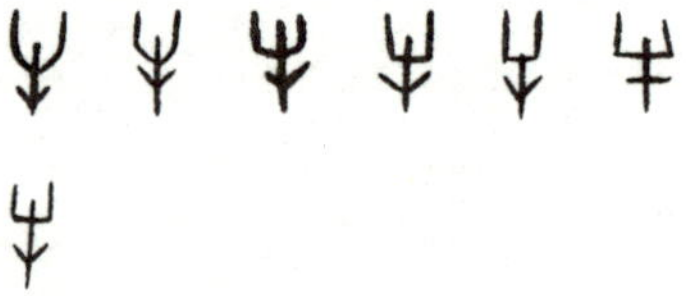

↓

两周金文

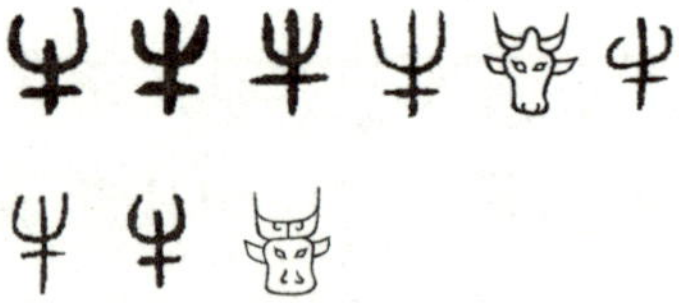

↓

秦小篆

↓

现代楷书

牛

牛的体形高大，壮硕魁伟，属于哺乳纲偶蹄目的动物，在历史时期是中国最重要的家畜。人类驯养家畜虽已有万年以上历史，但牛的驯养却相当迟慢，尤其在中国，要到五千多年前，牛骨才普遍见于遗址，且能肯定是家养的品种。公元前八九千年时，气温比现在低很多，只有华南较有人迹。这个地区温湿，适宜猪、犬的活动，故先有猪、犬的饲养。后来华南的人们北移经营农耕，也把猪、犬带去，所以华北的早期遗址才有多猪、犬而少牛、羊遗骨的现象。

牛的形象，与其他动物的最大不同是有粗短的双角，故甲骨文的“牛”字，就以头部的形象来代表其种属（𠂹）。金文的族徽符号则描绘得更为逼真（）。牛虽然是个庞然大兽，但经过长期驯养以后，性情温顺，甚至孩童都可以牵引而加以指挥。相信在被驯养前，牛也相当凶猛不羁。起码古人见其体形高大，且有尖角，一定不敢想象它是温驯的动物，因而迟疑将其驯养成家畜的动机。

牛全身没有不可用的材料，但最大的用途却是它的力气大。牛行走平稳，有耐力，能够载重致远。在古代，如果没有牛的负重致远能力，就难远征方国，建立霸业。

牛对于经济的最大效益是耕田。牛耕可以连续翻土，加速翻整土地的速度；可以深耕缩短休耕期，提高农地利用率，无疑都是对农业生产有巨大影响的技术。中国的传说：“稷之孙曰叔均，是始作牛耕。”《古史考》则以为距今四千六百年前的少昊氏时代已有牛驾，至夏禹时才有驾马。根据研究，发展较早的古文明，出现靠牲畜力量拉车和拉犁的时间是相近的，因为它们利用的原理是一样的，如埃及和苏美尔在五千五百年前到四千八百年前之际，已有构造复杂的牛耕拉犁，甲骨文可以证明商代也有牛耕。

牛在家养的初期也与其他野兽一样，主要是当人们的肉食供应。不知是因牛肉味美，还是体形高大，牛是商、周以来最隆重的祭祀牺牲。从甲骨文知道，当时牛有幽牛、犁牛、熯（旱）牛、骍（xīng）牛[①]等的区别。为了要取悦鬼神，祭祀时有时还要卜问牛的性别及年龄。《礼记·王制》有“祭天地之牛角茧栗，宗庙之牛角握，宾客之牛角尺”。祭天地要使用刚长出如栗子的角，肉嫩味美的幼牛。幼牛的角质软弱，有可能被鼠咬啮而损伤，故还有卜问改用牛只之事。“头角峥嵘[②]”“栗角炽光”就是以这种最尊贵的幼牛来比喻人的才质高超。若宴飨祖先或宾客，就使用价值较低的青壮牛了。于文字，就在牛角上加一横画表示一岁，甲骨文就见有用四横表示四岁的牡牛字。其他的动物就没有得到商人的这种对年龄的特别注意，并为之创造专字。

到了东周时候，牛耕的经济效益受到主政者的重视，不再是一般人的肉食供应，限制其屠杀，故《礼记·王制》有“诸侯无故不杀牛，大夫无故不杀羊，士无故不杀犬豕，庶人无故不食珍”。东汉以后又受佛教教义的影响，人们更少吃牛肉，牛几乎成为君王赏赐大臣的珍食了。

以牛的形象造型的容器应该名之为牛尊，但图一这件器口的一端有斜伸的宽流，上头有可以开阖的盖子，则是属于匜（yí）或觥（gōng）的特有形制。匜一般作圈足，这件则

---

① 骍牛：毛皮是红色的牛。

② 头角峥嵘：头角，指不凡的气概或突出的才华，多指青年群体。峥嵘，突出的样子。形容才华出众。

忠实地表现牛站立的形象。其宽流无疑是为了倾倒水、酒一类液态东西而设。甲骨文有一个字，作双手操作有鋬（pàn）的曲形容器而倾倒液体进入另一个盘皿之状（）。从字形看，明显就是匜的写生。这种铜器经常重七八公斤，不用双手就难以操作，也符合字形作双手的必要。商代不以盘皿饮酒，故倾倒进的应该是水。

学术界一般称有盖的装酒的为觥，无盖的装水的为匜。但商代酒器种类繁多，有流的爵与盉（hé）数量已非常多，而盘却没有与之相配使用的水器。中国人在汉代以前用手进食，不以筷子，故吃饭之前最好先洗手。《仪礼·公食大夫礼》记载在安排宴客的器具时，“小臣具槃（盘）匜，在东堂下”。也要陈设盥洗用的匜与盘。《礼记·内则》更叙述其操作为“进盥，少者奉盘，长者奉水，请沃盥，盥卒授巾”。年轻人双手捧着盘，年长的人双手拿匜倒水，请客人洗手，然后又奉上手巾擦干。这是最诚恳的待客之道。

出土文物也有盘与匜成套放置的，匜的铭文也有“为姜乘盘匜”的句子。显然盘与匜配套使用由来已久。商代晚期铜盘的数量不少，不应没有与之配套的沃水器。除了没有盖子，匜与觥器形相同，功能也一样。没有盖子并不影响倒水的动作，有盖子反而是个累赘，很可能这就是后来匜很少有盖子的主要原因。

或以为觥也使用于祭祀的场面，故不会是盥洗之器。这个理由恐怕不坚强。鬼神是人所创造的，反映人间的价值和习惯。人既然用手吃饭，饭前要洗手，鬼神应该也不例外。记得台湾民间对于某些女性的神，如床头娘娘、七夕娘娘等，除一般的食品外，还要陈放毛巾、水盆以及胭脂等。可见盥洗之具也非绝不能出现于敬神的场合。战国以后贵族沃盥的礼节渐不行，汉代又流行使用筷子，故配套使用的匜与盘就都消失了。

图一 牛形青铜觥
高十四厘米，长十九厘米
商晚期，公元前十四世纪至公元前十一世纪

mǎ

马

马的形象。战国时有只剩头部的，因为马头形特殊。

字形变化

商甲骨文

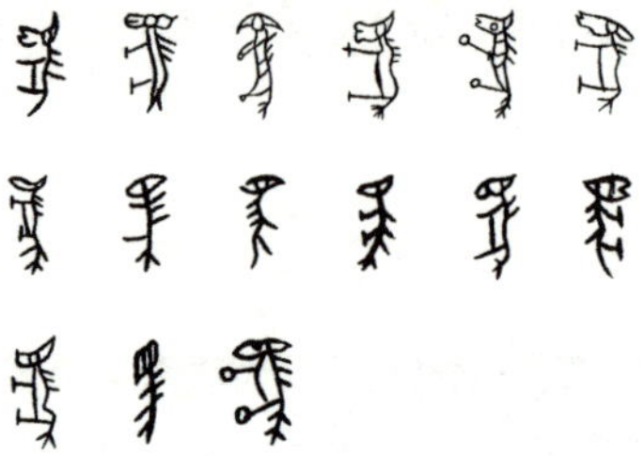

↓

两周金文

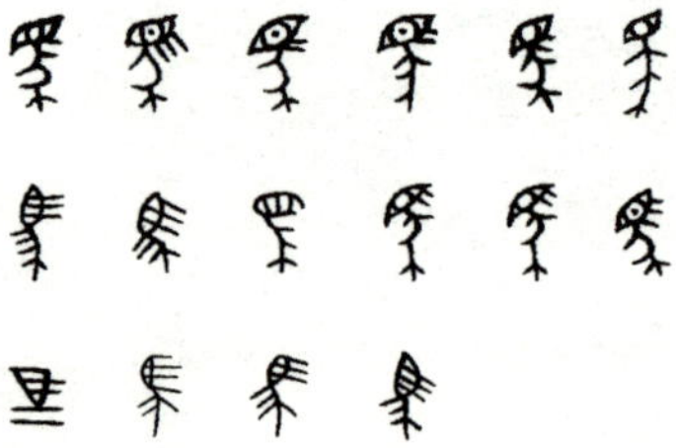

↓

秦小篆

↓

现代楷书

马

甲骨文的“马”字很容易辨认，作张口嘶叫，长鬃奋发，身躯高大，健蹄善走之动物形（）。商代以来虽然已经历三千多年的变化，今日的“马[1]”字还保留长脸、长鬃及四腿奔跃的气魄。

马是大型的哺乳动物，它的感觉器官发达，眼睛位高，视野宽阔，记忆力、判断力强，方向感也极正确，加以力大善跑，是非常有用的牲畜。但是马的性格不羁，很难驯服控制，故不论中外，在常见的家畜中，马都是最晚被驯养的。

---

① 马：繁体为“馬”。

中国传说在四千多年前的夏禹时代，用马取代牛去拉车。这个年代与发现马家养的最早遗址——山东章丘城子崖的龙山文化遗址年代相近。看来是相当可信的传说。

经济的利益是人们驯养家畜的最大动机。马肉的供应是首先可考虑的。但从商代的祭祀卜辞，可以明白看出牛、羊、猪、犬是常见的，就是没有马。人们在意识到有鬼神的存在之后，自然要想办法加以取悦，以期降下福佑，起码也不要降下苦难来，因此产生祭祀的行为。神灵既是人们想象的东西，自也离不开人的欲求和需要。举凡人们喜好的东西，诸如美酒佳肴、音乐歌舞、车舆、贝壳宝玉等，都在供奉之列。商代不以马供应祭祀，就反映了商代不吃马肉。大致也可猜测初始的驯养目的不在于肉的供应。马的皮毛也没有明显的特殊用途，所以应该是另有需求。

有些人以为《史记·赵世家》记载赵武灵王于公元前三〇七年开始胡服骑射以对抗游牧民族，是为中国单骑（qí）[①]之始。但是浙江余杭出土的四五千年前良渚文化的玉钺与玉琮，都刻有同样的图纹，上半为戴羽帽的神人像，下半为野兽的形象，如图一所示。戴羽帽的神人双手下按兽首，看似骑着的样子。

---

① 单骑：一人一马。

骑野兽的图案在早期社会可能有携带灵魂上天的意味。但也许后代的贵族认为跨脚上马的姿势不高雅，并非一般情况下所宜采用。因此，很可能只流行于下层的武士之间。而赵武灵王以一国之尊，亲自跨马骑射，非比寻常，才会被郑重地记载下来。甲骨文的“奇”字，就作一人骑在动物身上之状（）。骑马只需一匹马，不像马车需要两匹或四匹，故“奇”字有单数的意义。

图一

mù

牧

手持牧杖导引牛羊之状。

字形变化

商甲骨文

两周金文

秦小篆

现代楷书

牧

“牧”字的意义，《说文解字》的解释是“养牛人也”。但是在甲骨文中，“牧”字有四种不同的结构方式：一是我们现在使用的字形，作一只手拿着棍子一类的工具在驱赶一头牛之状（）；二作一只手拿着棍子在驱赶一头羊之状（）；三作手持杖在行道之旁驱赶牛之状（）；四作在行道之旁驱赶羊之状（）。对于这四种字形，我们起码想知道，哪一个是最早的字形？为什么后来只留下目前从牛从攴（pū）的字形？

字的创造可以反映一个时代的状况。先有牛或先有羊的字形，就可能反映某地区家畜饲养的先后次序。至于有无行道的符号，也反映饲养的规模问题。有行道的可看成已不是大规模的专业经营，而是农业为主要生产的业余副业而已。所以进一步地探讨是有必要的。

想探讨字形的早晚，文字本身使用的时代是很重要的依据。一般的原则是，文献的时代比较早，其字形的使用也就比较早。可是这四个字形都出现在甲骨文的最早时代——第一期。所以要另外想办法解决这个问题。

在谈文字字形演变方向的时候，文献的性质也是非常重要的依据。具有官方性质的文字比较因谨慎而稳定。铜器上的铭文是贵族为夸耀本身的功德而慎重铸造的，也希望别人看得懂，所以不随便省简字形。又同是一件铜器上的文字，族徽的部分，一般要较铜器铭文的部分繁复而逼真。因为族徽是代表社区群体的符号，随意变动不但得不到别人的认同，甚至有可能遭受处罚。民间日常的实用性文字就较没有这种顾虑，故而较易轻忽，或为便利，省减字的部分内容而起变化。族徽文字不是应对日常生活所需，较易保存书写的传统。学者也因铜器上的族徽所描写的物体形象比甲骨文的字还要写实些，故普遍认为它们要较甲骨文的字形原始。故有人在讨论字形演变的趋向时，就把它们列在甲骨文之前。目前发现在亚内的三个族徽符号、、，“牧”字都作在行道之旁放养牛之状，大致可认定有行道的字形较为正式，没有行道的是后来省略的字形。饲养牛羊既然是在行道之旁，就表示那不是大规模的专业放牧，而只是农作之余的副业而已。结论是，创造“牧”字的时代农业已经成为生活的主要方式，不是更早的逐水草的放牧时代了。

农业与畜牧虽有相辅相成的时候，基本上是相互矛盾的。发展畜牧业就会让牧草占有耕地，而发展农业就要尽量开辟草原、山地为耕田。因同面积的土地，生产粮食比饲养家畜可以养活更多的人口，所以在人口的压力下，如果气候、土地等条件许可，需要牧地的畜牧业就会被农业所取代。后代贵族的打猎，常是驱逐野兽以保护农作物的业余活动，所以方正的农田之形的“田”字，意义是打猎。再者，牛与羊因躯体大，供肉多，在春秋时代以前是重要的肉食供应。但到了春秋时代，牛就成为拉犁耕地的主要劳动力，不再是一般人的食品了。羊则根本失去其为重要家畜的地位，只利用不能生产农作物的地点才加以饲养。所以表现在文字上，“牧”字就只剩下以手持杖驱赶牛这一形了。

知识链接

族徽

族徽是一种代表家族的符号。族徽不仅可以刻在青铜器上，还可以制成印章，如《邺中片羽》著录的“亚鸟毕”印章。

具有特色的族徽是重要的考古资料。如2012年考古人员在宝鸡市渭滨区石鼓镇石嘴头村发现的西周早期贵族墓葬，出土青铜礼器31件，其中15件青铜礼器上铸有族徽、族名等铭文，总计为11个家族，就为殷周金文族徽的研究提供了重要资料。

dūn

敦

羊于宗庙前，表现出发攻敌之前

以熟羊供祭于宗庙前之习惯？

◆ 字形变化 ◆

商甲骨文

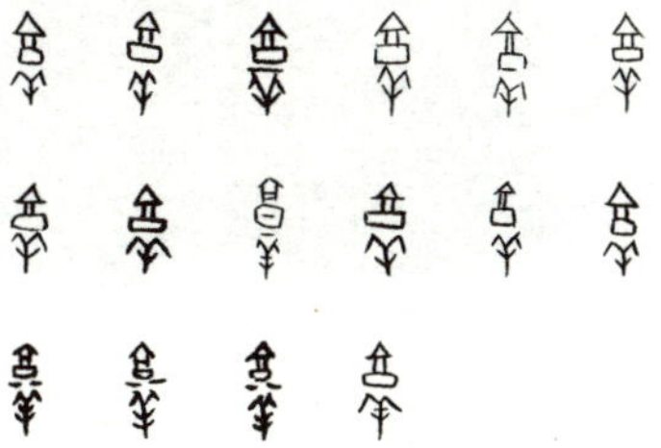

↓

两周金文

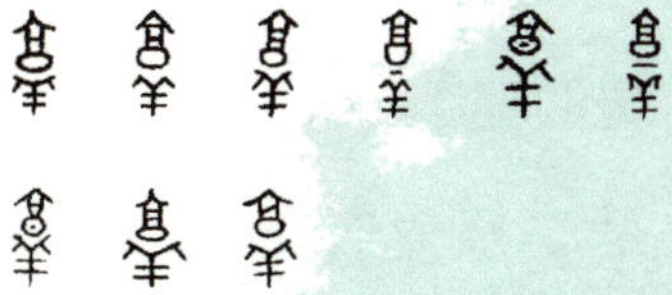

↓

秦小篆

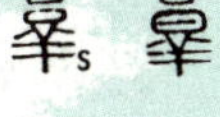

↓

现代楷书

敦（𦎫）

甲骨文有一个字由两个部分组成（），上头是个“享”字，下边是个“羊”字，意义是敦伐他国。“享”字作一座斜檐的建筑物建立在一座高出地面的土台上之状（）。因为这是享祭鬼神的高级建筑物，不是一般的家居，所以“享”有享祭的意义。“羊”字则是一只羊的头部形象，在中国人居住的地区，下弯的角是羊的特征，所以用头部来表达羊的种属（）。这两种东西似乎和争伐的意义无关。《说文解字》给予这个字的意义是孰（熟），或粥。粥是种把米粒煮至稀烂的食品，孰（熟）则是把食物煮得熟透。看来，此字的重点是把食物煮得熟透、熟烂。那么，为什么甲骨文使用

的意义是征伐呢？一个可能是借音，和创意完全无关。一个可能是供奉熟羊是征战前的一种仪式。目前的文献尚无法证实商代有这种习惯。可肯定的是，此字的创意与羊的烹煮一定有关。

从有史的阶段以来，在祭祀的仪式中，牛的级位比羊要高。如果争战之前需要供奉牺牲，应该不会只使用羊牲。比较可能的是，羊在烹饪的时候需要有异于其他动物的做法。在有关食物的品味方面，家畜里好像只有羊被作为造字的题材。“鲜”字，《说文解字》以为是从鱼的省声形声字。《说文解字》省声之说大都是有问题的，此字大致是以鱼和羊都是有腥味的食品表达意思。“羴”（膻）字，羊臭也，以三只羊表现羊很多时候有强烈的特殊膻[①]（shān）腥味道。

人类很早就驯养绵羊，依据遗址的现象，中亚在一万一千年前就已驯养绵羊了。大半绵羊没有什么抵抗力，容易被人们所生擒，其性情又温良，喜群居，可以放任找食，不必特别准备饲料及费力加以照顾，非常方便饲养。但在中国，羊恐怕不是很早就被驯养的家畜品种。虽然公元前六千多年的郑州裴李岗遗址已见陶羊及羊的遗骸，但在经营农耕的主要区域，六千年前或更早的遗址里，出土的骨骼大都以

① 膻：羊臊气。

猪、犬为多。到了龙山文化时代才有较多量的牛、羊骨骼。

至于中原以西、以北的半干旱地区，自新石器时代以来一直是牛、羊的骨骼多于猪、犬。显然中原地区羊的饲养，是受游牧地区的影响。在公元前八九千年时，由于气候的因素，华南较有人迹。那个地区气候温湿，适宜猪、犬活动，故先有猪、犬的饲养。华南的人们北移经营农耕，也把猪、犬带去，华北才有多猪、犬而少牛、羊的现象。

牛的皮坚韧，一般作为皮革的材料，不会用来作为食品的材料。但羊的皮比较单薄，不是很好制造皮革的材料。但如果加以长时间的慢火炖煮，羊皮也可以软化而被食用。在食物不是很充足的古代，不失为充分利用食材的办法。这可能就是古代处理带皮羊肉的一贯做法。羊肉不熟透就不好消化，不能拿来敬神，所以献祭于神坛之前的羊肉一定是煮得很熟烂的，因此用来表达熟透以及糜烂的意义。

yú

渔

有水中游鱼、钓线捕鱼、撒网捕鱼等多种创意。

◆ 字形变化 ◆

商甲骨文

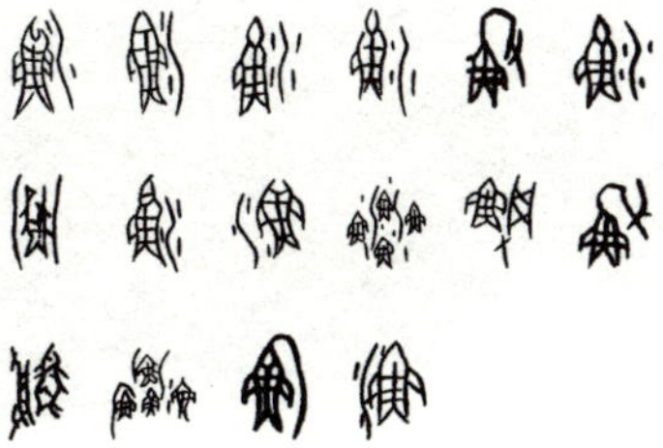

↓

两周金文

↓

秦小篆

↓

现代楷书

渔

人类早期的社会，由于捕捉工具不精良，鱼类繁殖的速度又快，数量丰富，不必担心来源的枯竭，更加有利的是捕捉时不具什么危险性，因此鱼捞社区往往比狩猎社区还大，可以提供更多的食物，往往不发展农业也能经营长期定居的生活。

旧石器时代的人虽居住山上，但也时时下到溪水河流之边旁取水，所以也以鱼虾类为食物。甲骨文的“鱼”字，很容易看出是描绘一尾有鳞、鳍的鱼形（）。到了新石器时代，人们居住于取水较容易的山丘河旁，捕鱼更是生活的重要活动之一。仰韶文化的遗址虽深处内地，但都距离河流不远，捕鱼不难。故仰韶文化陶器上的鱼类花纹远较他种动物的花纹为多（图一）。后世人口压力越来越大，迫使人们远离河岸去过活。本来易得的鱼虾，就渐渐变成不易吃到的珍肴了。

甲骨文有“鲁”字，作盘子之上有一尾鱼之状（）。“鲁”字在古时有嘉美的意思，这个意义的创意无疑是从鱼为美味食品的概念而来。《孟子·告子上》有孟子叹惜鱼与熊掌不可兼得。战国时代的孟子是接近海岸的山东人，也把鱼看作珍贵的食品，那么其他远离海岸的地方，其珍贵性就更不用说了。甚至在渔产少的地方，宴客时需要象征性地摆设木刻的鱼。这多半是因为“鱼”的音读与“余”同，鱼象征有余。中国人口密度大，食物常不足，能否饱食是人们最关切的事。人们都希望丰裕不匮乏，故形成这种习惯。所以鱼常是美术的题材。

捕鱼算不上是一种兴奋或刺激的活动，而且也不涉及军事的训练。可能因此，商王的甲骨卜辞问及捕鱼的占卜不多。但安阳发现从远地运来的鲟鱼，可见当时希求罕见鱼鲜的例子。但是先秦的文献，鱼好像不是很被看重的食物，价值在牛、羊、猪等家畜之后。如《国语·楚语》有“士食鱼炙，祀以特牲；庶人食菜，祀以鱼”。特牲指牛、羊、猪等大型家畜。依《礼记·王制》，士以上阶级的祭祀，品级依次为牛、羊、猪、犬，不及于鱼。这种现象很可能是因为汉代以前，市场零售肉食不普遍。宰杀个体越大的家畜，花费就越大，所以说非有大事不杀牲。鱼则个体小，价格较低，一般人付得起。但如以斤两论，鱼肯定要贵些。人工养鱼事业至迟在商周时期就已出现。一件西周中期的铜器铭文提到某贵族渔于其池塘，并以三百鱼赠送给某人。到了春秋、战国时代，人工养鱼则已相当普遍了。

从甲骨文可以看出捕鱼的方式至少有几种。其“渔”字有几种写法：一作一尾至四尾不等的鱼游于水中之状（），一作一手拿着钓线钓到一尾鱼之状（），一作以手撒网的捕鱼状（）。此外应还有更原始的方式，如用木棍棒打或以鱼镖投射，或甚至还可空手捕捉。《春秋》有鲁隐公于公元前七一八年矢鱼于棠的记载。大概是古时候以鱼镖投射捕鱼以供祭祀礼俗的孑遗。七千年前的武安磁山遗址出土过不少的鱼镖。撒网是很进步的捕鱼法，磁山遗址也有网梭，表明七千年前已有进步的撒网捕鱼了。

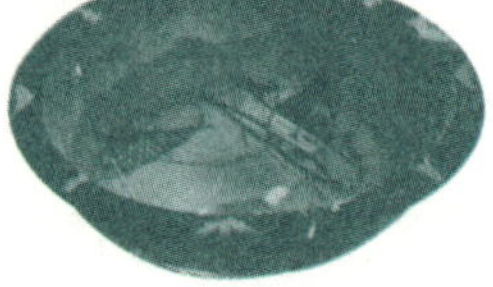

图一 红衣黑彩人面鱼纹细泥红陶盆

口径四十四厘米，高十九点三厘米

西安半坡类型，六千多年前

知识链接

磁山文化

我国新石器时代中期的文化，年代为公元前 5400—前 5100 年。因 1976 年发现于河北武安磁山而得名。出土了众多器物，其中，陶盂、陶支架、石磨盘和磨棒是磁山文化最具代表性的器物。磁山文化时期的陶器多为手工制作，主要花纹有绳纹和篦点纹。农业比较发达，主要种植小米，饲养的家畜以猪和狗居多。

qín

禽

长柄田网形，用以捕捉鸟兽。后加今声。

字形变化

商甲骨文

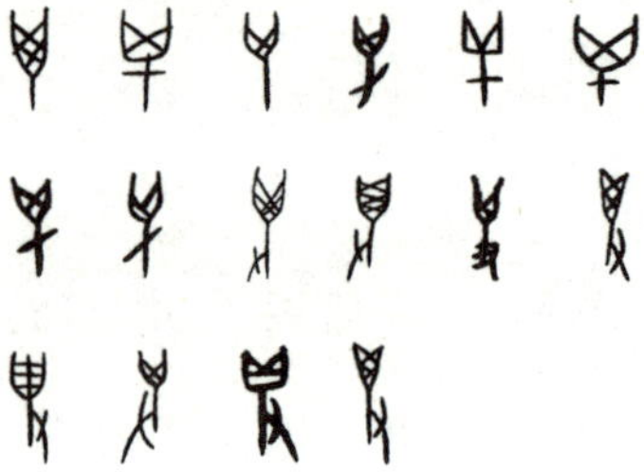

↓

两周金文

↓

秦小篆

↓

现代楷书

禽

甲骨文有一个字，字形有两种结构：一作、、、、，是一种有长柄的工具形象；一作、、、、，是这种工具拿在手中之状。此字的意义为擒获野兽，于对照金文（ ）与篆文（ ）的类似字形后，才确定此字是“禽”字。

通过文字演化规律的众多例子，推论此字的演变过程的大致路线是→→→→→。最先是以一把狩猎田网拿在手中（ ），表达用手以之捕捉野兽而有所擒获的意思。可能后来觉得田网就是以手操作的器具，不必把手画出来，所以就省略了手而成为。网子的网目应该是很多道的，但为了书写快速，就把多道的网目省简而成了一个交叉。其次的变化是直柄上多了一道短的横画（）。这是中国古文字最常见的变化，起初是加小点，然后小点延伸成短的横画。到了金文的时代，就在好多的表意字上加一个音符以方便音读，如上文介绍的“耤”字，“昔”是在表意字“耤”上加的音符。“今”和“禽”字两者的声母和韵母都非常接近，属于同一个范畴，所以成了的形声字。接着是直柄的变化，在短横画的前头又加上一道弯曲的竖画（）。这种变化也有一些例子，可能是受到又（手）的字形的影响。最后是把短横画的右端下垂（）。类似的变化只有几个例子，如禺、禹、万①等。这个字从初形变化到小篆的过程非常清楚，所以辨识起来没有困难。

“禽”字演变到小篆已有相当大的差异，所以《说文解字》的解释就有点走了样。“禽”字的解释是：“走兽总名。从厹（qiú）②，象形，今声。禽离兕头相似。”把田网的网子部分说成代表禽兽的头部，这是把“禽”字本义搞错了的误解。因此也把柄部分的“禸”解释为：“，兽足蹂地也。象形，九声。《尔雅》曰：‘狐貍貛貉丑，其足蹞，其迹厹。’凡厹之属皆从厹。，篆文厹。从足柔声。”误以为禸代表野兽的

① 万：繁体为“萬”。
② 厹：一种武器。

足迹。

为什么捕获野兽要用有长柄的猎网表达呢？使用网子的主要目的，一是捕捉活的野兽，二是得完整的毛皮。活捉野兽是动物家养的先决条件。人们学会家养是因有时捕捉到过多的野兽，其中有受伤未死，或尚未成长的幼兽，并不立即食用而暂时加以圈养，以待他日打不到猎物时食用。在圈养期间，幼兽习惯于人们的饲养和保护，甚至壮兽也偶有生产幼兽的情形发生，因而促成人们加以饲养的兴趣。还有，家养的肉质与野生的有差异，也可以通过与野生的交配而培育新品种。至于保持毛皮的完整，古人初以毛皮为衣服，进入农业社会后，毛皮乃成珍贵的材料。如此珍贵的材料如果有了破损，虽可以修补，但美观就减少许多，价值自然也下降，所以保持毛皮的完整是有必要的。要确保毛皮无破损，比较保险的方法是用网捕活捉，所以甲骨文意义为狩猎的“兽”字，就由一把田网与一只犬结合，因为两者都是田猎的必要工具。“禽”的初义是擒获，后来引申至被猎的野兽，西周开始意义范围又缩小至鸟类，今乃习惯以禽、兽分别飞禽与走兽。

图一 铜绞链盖鸟形酒尊

高二十五点三厘米

春秋，公元前八世纪至公元前五世纪

shòu

兽

田网与犬都是打猎的必要工具。

◆ 字形变化 ◆

商甲骨文

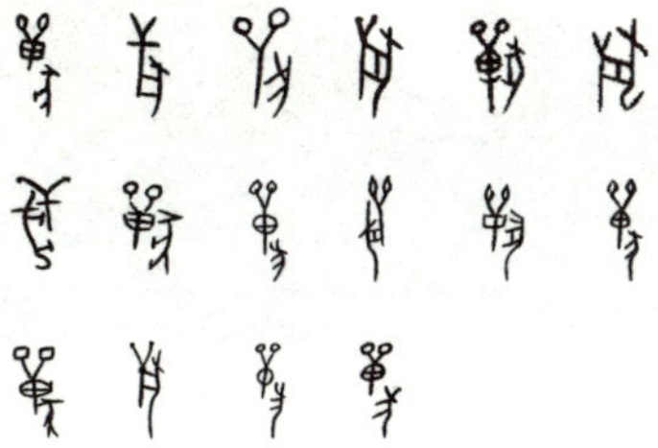

↓

两周金文

↓

秦小篆

↓

现代楷书

兽

狗的体能远远比不上许多大型野兽，难于离群，在野外过独立的生活，因而养成集群合作的本能，易于被早期的人们所驯养。但它异于绵羊，羊是人们为了获取肉食和皮毛，主动加以驯养的。狗则可能基于它本身的需要，前来依附人们。有可能人们被狗依附之后，才有灵感以之应用于他种野兽而发展畜养的技术。

狗可能自狼驯化[①]而成。因为它们独自捕猎的能力有限，难于同大型的野兽竞争，常无所获而挨饿，以至经常徘徊于

① 驯化：驯服，归化。文中指狼经过人工长期饲养或培育逐渐失去原有的特性，逐渐趋向于狗的特性。

人类的居处，吃食人们丢弃的皮、骨、肉等。人们既习惯于它们友善的存在，对自己的生活也不生什么负担，因此温驯者就被留下。通过互相的合作和选择，狗终于失去其野性而成为家畜，帮助人们捕猎。犬被家养后，体态发生了变化，与野狼的主要分别在尾巴卷起。所以甲骨文的“犬”字主要特征是尾巴上翘，只有少数作身子细长而尾巴下垂，有别于肥胖的猪的象形字“豕”。

人能使用工具以弥补体能上的缺陷，使任何大型、凶猛的野兽都逃不出被擒杀的命运。但是野兽可以深藏起来，逃避被人们搜索擒杀的厄运。狗正好在这方面有所作用。狗有嗅觉上的天赋异能，能从野兽遗留的血、汗、尿、粪等的气味中去分辨动物，并加以追踪、诱发和驱赶，以方便人们的捕杀，从而分得残余。所以甲骨文的“兽”字，作一把打猎用的田网以及一条犬会意（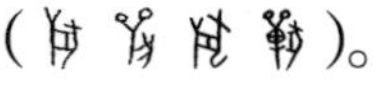）。两者都是打猎时需要的工具，故以之表达狩猎的意义。后来才扩充其意义至被捕猎的对象野兽。而甲骨文的“臭”字，其本义即后来的“嗅”，以犬及其鼻子表意（），反映人们完全了解在所知的动物中，犬的嗅觉最为敏锐，所以取以表达辨别味道的嗅觉感官。“臭”的本义兼有人们喜好及厌恶的味道，后来被偏用于令人不愉快的味道，就增加“口”之意符而成“嗅”字，以与“臭”字区别。

犬的敏锐嗅觉不限于探查野兽，对于侦察敌踪也能起很大的作用，所以很快被贵族利用于军事和追捕逃犯。商代的中央和方国都设有犬官，除报告野兽出没的情况以供打猎的参考外，并随行参加军事的行动。尤其是夜晚可以替代人们侦察意外的侵犯征兆。金文的“器”字，可能表现犬善吠，好像有多张嘴，连续吠叫，有警戒外来异物的器用（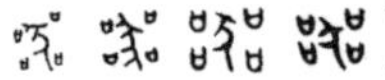）。

知识链接

打猎

打猎是指在野外捕捉鸟兽。在法律允许的范围内开展打猎活动，除捕猎野生动物、开发野生动物资源以外，有促进生物圈正常运行的作用。

为了更好地维护健康的、功能正常的自然生态系统，打猎时不可捕获国家重点保护野生动物。2021 年 2 月 5 日国家林业和草原局、农业农村部联合发布了新调整的《国家重点保护野生动物名录》，该名录共列入野生动物 980 种和 8 类，其中国家一级保护野生动物 234 种和 1 类、国家二级保护野生动物 746 种和 7 类。国家有关部门在积极打击乱捕滥猎及非法贸易等行为，推动物种的拯救保护工作。

dì

帝

或象花朵形，或是捆绑的崇拜物形。

◆ 字形变化 ◆

商甲骨文

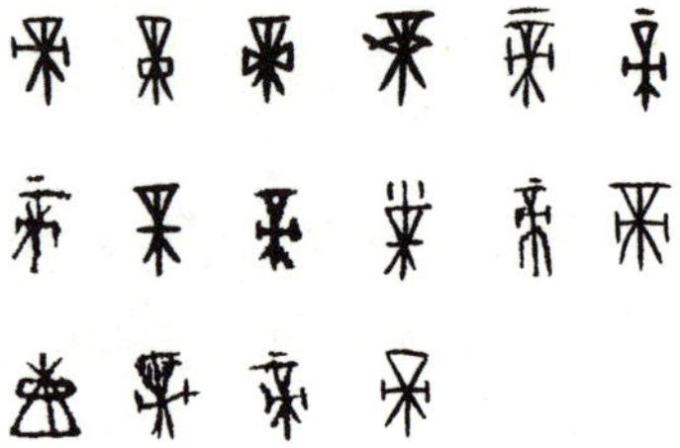

↓

两周金文

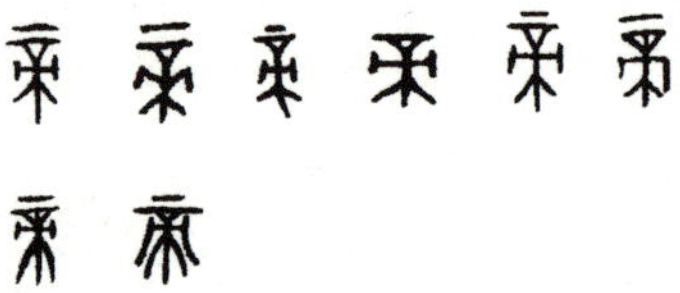

↓

秦小篆

↓

现代楷书

帝

自然界存在着很多令人不能解释的现象，威力又常难抗拒。见到日月更替，四时的转移有一定的规律，就容易想象冥冥之中有造化主宰在控制着。当人们看到草木鸟兽的荣枯有期，也会想象有神灵的存在。到了有阶级的社会时，就普遍产生了神灵的概念，认为它们的威力超过人，对之都有所敬畏而加以崇拜。古代中国人当然也不例外。从甲骨文的占卜可以看出，商人认为自然界的风雨云雷、山川石木、动物以及死去的人都有神灵。

神灵的威力虽有差别，但都可能给人们带来灾难。神灵会被激怒，也会接受恳切的求情，否则与之妥协就成无意义的事了。知晓哪位神灵会降下灾难，或能给予福佑[1]，要供奉什么样的物品才会获得神的欢喜，祭神的最佳效果才会达到，造成巫师等人员的出现。

神灵既是人们想象的东西，自然也离不开人的欲求和需要。既然想象神灵也有人一般的需求，自然要想办法加以取悦，以期降下福佑，起码也不要降下苦难来。神灵本是见不到、摸不到的。但古代的人较质朴，需要有具体的东西以寄托情思，诉求需要。取悦鬼神既成为人们谋求生存的重要目标，就不惜花费也要达成此目的，因此不但有祭祀的行为，也留下很多令人叹为观止的伟大建筑遗迹。

商代最具威力的神灵是帝，也称为上帝。帝有极大的威力，属下有不同能力的神灵，能降下风雷雨雪、阴晴雾霰，能给予人灾祸病苦，但也能赐给福佑康宁。甲骨文的“帝”字，或以为是“蒂”的初形，象花朵与茎蒂相连的形状。以为花是树木结果繁殖的根源，而繁殖是动植物延续生命的根本，是古人膜拜的重要对象。因此可能经由信仰的图腾，演变为至高的上帝。

但从字形演变的常律看，初形应是，慢慢演变成、、、等形状。中间的部分应是从圆圈变矩形，再变为工、一。

① 福佑：保佑拥有福气。

其圆圈有时写成两弧线交叉，可能为捆绑之形象。甲骨文有一字作帝形之物为箭所射之状（）。花朵不必大费周章用箭射的方式去破坏。“帝”字的下半部永远作笔直竖立的架子形象，不像花瓣经常作曲柔的样子。而且大型的人偶或立像就有可能因某种缘故而被敌人箭射，故“帝”字比较像一个扎紧的稻草人一类的人偶形，为代表神的偶像。

图一这件二百多厘米高的青铜立像，以及三百九十六厘米高的青铜神树，都出土于四川广汉三星堆的商代祭祀坑，被认为就是当时崇拜的神像。定居的社会可以建造高崇的神像与庙坛，但在游牧的阶段，居无定所，当然无法建造永久性的崇拜物，因此就有可能用捆扎的方式，建造临时性的神像。广汉遗址还出土不少如图二的青铜头像，都有同样的特征：脑后有发辫，眼睛特为宽长，几达耳朵。眼球突出，有的甚至凸出如圆柱。眉毛与上眼眶平行等长，非常宽厚，予人印象深刻。鼻梁直，鼻翼宽大。嘴巴紧闭，延伸至两腮旁。有些还表现戴金色的面具。面具用金箔，以生漆与石灰作为黏合剂紧紧贴着，露出眼睛与眉毛的形象。

这些头像都附有宽大的尖角插座，显然是插在某种结构之上用的。我们可以想象，其完成的作品就是插在草扎的神像之上作为头的部分。中国古代还没有为英雄人物立像的习俗。时代更早，约五千年前的辽宁朝阳牛河梁遗址，发现了依山势修建的神庙、祭坛等建筑物。其出土残缺的女神像，头部就达二十二点五厘米之高。可见古代中国有竖立大型神像加以崇拜的习俗，因此以神像的形式来表达至高上帝的意义是非常可能的，所以才不惜花费加以修造。

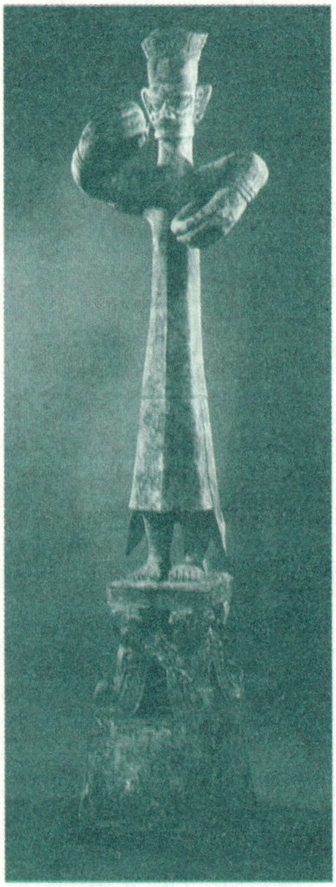

图一 青铜立像

通高二百六十二厘米，人像一百七十二厘米

晚商，约公元前一三〇〇年至公元前一一〇〇年

四川广汉三星堆出土

图二 金箔面罩青铜头像
高四十二点五厘米
晚商，约公元前一三〇〇年至公元前一一〇〇年
四川广汉三星堆出土

知识链接

三星堆遗址

三星堆遗址是我国新石器时代至商周时期早期的蜀文化遗址，是全国重点文物保护单位，位于四川省广汉市，是中国迄今为止已发现的历史最早、规模最大的古蜀都城遗址。

三星堆遗址出土了不少文物，除了文中提到的青铜神树，还有青铜立人像、青铜纵目面具、戴金面罩青铜人头像、金杖等，都是国内罕见的珍宝。

wáng

王

象高帽形。王戴高帽，其指挥才易为部众所见。

字形变化

商甲骨文

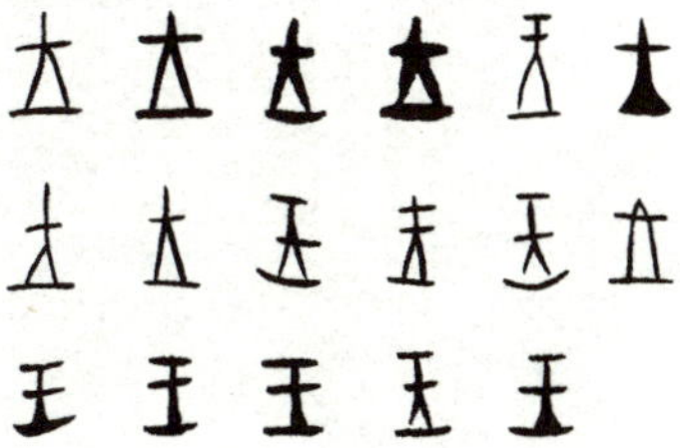

↓

两周金文

↓

秦小篆

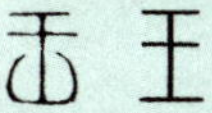

↓

现代楷书

王

人类学家把人类文明的进化区分为三个阶段。第一阶段是以渔猎采集为生的平等社会，第二阶段是以园艺农业为生的有阶级社会，第三阶段约等于以农业为生的多层阶级社会。第三阶段的社会特征是：加强对环境的投资，肯定对产业及领域的所有权，农民为经济生产的主体；营定居的生活；有国家形式；行中央集权的政治组织；社会多层化；有专业的生产组织；为政府服务，包括交税、劳役、兵役等；控制自然资源；禁止私人之间的争斗，有大规模的战争；有专职的神职人员；出现大城市。中国以夏、商、周三代的王朝为进入此阶段的代表，属信史的时代。

此时期掌握政治上最高权力的人称为王。王权虽是种颇为抽象的概念，却是一个有组织的社会或国家所必须有的制度。在有文字的社会，人们一定要想办法用文字去表达其权威与地位。如此抽象的概念，中国是用什么事物去创造的呢？

上文已介绍，“皇”字是装饰高崇羽毛的帽子形（），而甲骨文的“王”字就是去掉羽毛的帽子形（）。古代普遍有以羽毛为高贵者的头饰，就必然有其实用上的价值。而且黄帝的时代已有帽子的创制，但到了有国家组织的多阶层社会，才以帽子代表最高权位的统治者。帽子于表示阶级权威、节庆悠闲形象之外，可能还有应付新形势的更为重要的作用。

竞争是自然界成员为求生存所不能不采取的手段。在寻找必要的生活物资时，当一个部落发展到必须与其他团体争夺自然资源时，如果双方的利益不平衡而又不能回避，为了保全自己，就只有通过各种可能的方法，以达到压制对方的目的，武力一向是其中最有效的途径。尤其是到了经营定居的农业社会，不但有必要组织武力以保护自己辛劳耕耘的成果不被侵扰、掠夺，甚至为了取得肥沃的土地，占有温暖的地域，控制充分的水源，以保证粮食的生产，也有组织大规模的武力以从事经济性的掠夺或占有的必要。不断为不可避免的战争所烦扰的社会，人们被迫接受强有力的中央集权[①]的社会控制，以便生存。

战争是进化到农业社会时所必经的过程之一，其规模由小而大。小规模的冲突不必有人指挥战斗。但是一旦冲突成为大规模时，有成千上万的人参与，就需要有人做全盘性的统筹指挥，才能获得最佳的战斗效果。指挥者如希望他的指示能及时被部下知晓，以应付战场实时的形势，就有必要让部下容易见到他所下号令和指示的措施。同族人的身材大都相差不多，王者的身材也不一定选择高大的。如果没有特别显眼的标志，就很难在人群中辨识其人。一般说，指挥者只有站在较高的地点，穿着特殊的服饰，其举动才易被人所注意。马车在使用的初期并无冲锋陷阵的功能，而商代的指挥者还是选择站在易于倾覆的马车上，很可能就是为了可机动地指挥军队，常处于可移动的居高位置，易于被部下看到，它与高耸的帽子具有同样的作用。

高耸的帽子不利行动，本来是悠闲的形象、不战的象征，原本不应在需要激烈行动的战场上出现。但是，如果指挥者在战场上找不到人人可见的高位置去传布命令，戴上高耸的帽子也可以达到类似的效用。商代铜胄顶上有个长管，就是

① 中央集权：国家权力集中于中央政府的制度。地方政府统一服从中央政府，受中央政府的领导和监督。

为了插羽毛一类装饰品用的。很可能就因为如此，在战争时以头戴高耸头饰为指挥官的形象。在古代，头饰是获得领袖地位的重要象征。不但在族群中，族外的人也容易识别此人与其他成员不同的特殊地位。

yǐn

尹

手持笔治理人民的官员。

字形变化

商甲骨文

↓

两周金文

↓

秦小篆

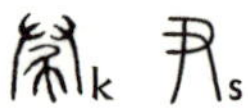

↓

现代楷书

尹

图一这件洁白晶莹的汉白玉，描写某位脸形瘦长，留有胡须，头戴束发小冠，身穿宽袖的右衽长衣，双手置于几上，正襟危坐，好像要接受长官训令的人物形象，应该就是汉代文吏的写照。公元八二五年，白居易当苏州的县长时，写有“清旦方堆案，黄昏始退公。可怜朝暮景，销在两衙（yá）中”，充分表现大多数读书人期盼当官而业务繁忙的无奈与矛盾心情。

中国的最高政治决策者，叫帝、皇、王、霸。但最高领导人不能事事躬亲[①]处理，势必委托一些官员代为管理比较细

① 躬亲：亲自动手去做。

琐的事务。这些管理的人员，通称为尹，而官职较高者则为君。后来君的意义被提升至更高的地位，就又有了君王的新意义。到底尹与君是依据什么理念创造的呢？

“尹”的意义是治理人民的官员。或以为它表现官员的一只手拿着棍子，使用暴力惩治老百姓之意。这就错失中国自古以来重视官僚政治的特性了。打人时棍子要掌握下端才能有所利用，但“尹”字所显示的是持拿其上端（）。古代以这种方式持拿的东西，最有可能的是毛笔。目前有大量存世的中国最早文献，是三千多年前用刀刻在兽骨或龟甲上的商代贞卜文字。因此有少数人误会，以为商代的人们以刀刻字做记录。甚至有人以为要等到秦朝的蒙恬发明毛笔后，中国人才有以毛笔书写的事实，不知商代的甲骨和陶片都有以毛笔书写的事实。其实，六千多年前的半坡遗址，从陶器上的彩绘就可充分看到用毛笔的痕迹。我们可以相信，商代的人已普遍使用毛笔书写文字了。

“笔[①]”的初形是“聿”字，甲骨文作一手握着一支有毛的笔形（）。大致是以竹管为笔杆，乃于“聿”字之上加竹（笔管的材料）而成为“笔”字。不蘸墨汁时，笔毛散开。但一蘸了墨汁，笔尖就合拢而可书写文字了。甲骨文的“书”

① 笔：繁体为“筆”。

字，作一手握有毛的笔管于一瓶墨汁之上状（），点明毛笔蘸了墨而可以书写的意思。甲骨文的“画”字作手握尖端合拢或散开的笔，画一个交叉的图案形（）。推知商代普遍使用毛笔，故才以之表达与书写和绘画有关的意义。甲骨文的“君”字，创意与“书”字相似，作手握笔管于一瓶墨汁之上状（），意思是持笔写字的人是发号令的长官。

“聿”与“书”字表达的是有关书写的事，所以把笔的毛给画了出来。“尹”与“君”则是强调拿笔管理人民事务的人，所以把笔的毛给省略了。它们表达了一个很重要的讯息，中国古时的官员是有文化的。

竞争是自然界成员为求生存所不能不采取的手段，当发展到必须与其他的团体争夺自然资源时，为了保全自己，就只有通过各种可能的方法，以达到压制对方的目的，武力一向是其中最有效的途径。尤其是到了经营定居的农业社会，不但有必要组织武力以保护自己辛劳耕耘的成果不被侵扰、掠夺，甚至为了取得肥沃的土地，占有温暖的地域，控制充分的水源，以保证粮食的生产，也有组织大规模的武力以从事经济性的掠夺或占有的必要。不断为不可避免的战争所烦扰的社会，人们被迫接受强有力的中央集权的社会控制，以便生存。为了更有效地遂行战斗，就要有良好的组织，由有能力的人去领导。这些过程终于促成国家制度的建立。由于国家是在不断的争战中成长起来的，武士是从事战斗的成员，所以在西方，武士是被崇拜的对象，经常是最高的领导人，一般的执政官也是军人。但在中国，使用武力是不被赞美的，作为武士也常是不被崇拜的。从尹与君的创意，大致可了解，至迟在商代，作为官吏的重点是懂文字。这可能是因为中国以农立国，需要设立田籍，人民有付租税、服兵役的责任，所以才强调记录技巧的必要。

图一 汉白玉学士圆雕

高五点四厘米

西汉，公元前二〇六年至公元二十五年

娱乐篇

—文字小讲青少版—

qìng

庆

得到鹰兽的心，值得庆祝。

◆ 字形变化 ◆

商甲骨文

↓

两周金文

↓

秦小篆

↓

现代楷书

庆

甲骨文的“庆”字，以一只解（xiè）廌（zhì）与一颗心组合（），解廌的心脏在古代大概被认为具有药用或美食价值，所以有得之则可庆祝的意思。汉代以后，中国把解廌视为神兽，其实解廌是曾经在华北生存过的。甲骨文的“廌”字，作一只高大的平行长角的羚羊类动物形（），商代曾有过捕猎到的记录，其毛色为黄。后来因为气温转冷而南移，终在中国绝迹而变成传说的神兽。目前在越南的丛林中犹有遗存，在二十世纪才被发现，越南语读若“沙拉”。

《说文解字》解释，古代以解廌判决诉讼，会以兽头上的角碰触有罪的一方。所以金文的“法”字是由水、廌、去三者组合的（），因为法律一视同仁，不分贵贱，而廌触不直者去之。所以汉代以解廌为法律的象征，有一位判官的墓门，就画有一对低头欲向前冲的廌。后来负责判案的县衙门也画上解廌的形象，县官的补服①也以解廌为图案。后来由于字形演变有如独角兽，其长而平行的角也容易被误会为独角，故在汉以后的墓葬中，常以细长的独角出现。甲骨文还有“羈”字，作廌的双角被绳子绑着之状（）。卜辞用以为驿站之设施，有二羈、三羈、五羈等，解廌的体形高大，商代很可能就以之拉曳驿站的车辆。

没有人不喜欢经常有喜庆之事，“磬”的读音与“庆”同，所以就借用这个常见的石磬表达之。商代已数见石磬雕成鱼的形状，除美观外，可能还含有“余庆”的好兆头之意。这件石磬（图一）装饰了雕工精致及图案悦目的阳起纹老虎，阳纹是一种费工的琢磨法，乃磨掉两边而留下其间的线条。这是在还没有尖钻能对玉材做有效刻画时的最高超工艺，周代就有繁缛的刻画图案了。

甲骨文的“磬”字，作手拿着木槌敲击悬挂着的石磬乐器状（）。磬的造型简单，容易制作，质材便宜，操作简单，声调又悦耳，出现的时间理应甚早。但是目前所知的考古资

① 补服：明清时的官服。通常文官绣鸟，武官绣兽。

料，最早的实物不早于公元前二千年，较之发现于六千多年前，较难吹奏的骨哨和陶埙[①]（xūn）都要迟晚甚多。骨哨和陶埙大概是因工作需要而制作，故产生的时间早。石磬则可能因顺应较晚时代的需要，制作时代较晚。

什么是石磬创造的时机呢？磬的声响能及远而不烦噪，后世庙寺常备用以召集人员。又从先秦时代有以编磬随葬的，其地位往往高于造价甚高的铜编钟看，磬的早期制作可能是种警告入侵的敲打器，是拥有大量徒众的贵族所需要的，故为高权位者的象征。磬的出现与中国进入国家阶段的时代相当，恐怕也有点关系。江淹《别赋》有“金石震而色变，骨肉悲而心死”的句子，石即指磬，反映它在后代还与军事有关。《礼记·乐记》也有“君子听磬声，则思死封疆之臣”。有频繁的战争是较迟晚的事。公元前二千年，中国正进入国家制度化阶段，农业高度发展，为争资源而战争频繁，这时制作召集人员的器具，也是合理的。

磬的形制早期以呈无棱的三角形或多边形为多，形状颇像锄头，因此想象创作的灵感来自以锄头挖土时敲到石头，或人们歌唱而手舞足蹈时，偶尔敲击到放置于墙边的石锄而击出悦耳的声响，因此以锄头形状制作敲打器。商代的磬有

① 陶埙：一种陶制的中国传统吹奏乐器。

时作规整的长方形，西周以后就多作有股有鼓的倒 L 形特殊形状。早期的磬都是单独悬吊的特磬，晚商偶有三件或五件成组的。到了春秋时代，演进到有十件以上尺寸各异的成组编磬，各具不同的音调，可以演奏复杂的乐曲。曾侯乙墓随葬的两层磬架就有三十二件之多。

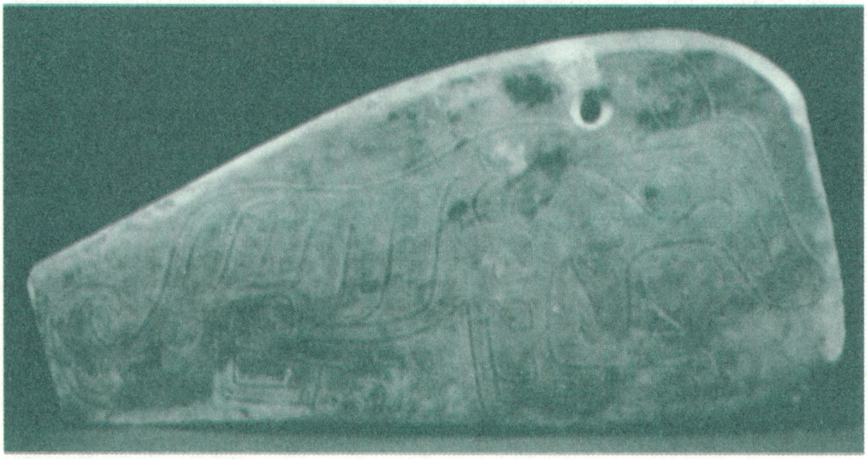

图一 石灰岩磨制虎纹石磬
长八十四厘米
晚商，公元前十四世纪至公元前十一世纪

yīn

殷

手持棒槌击鼓一类的乐器，
为大规模乐奏才使用的乐器。

◆ 字形变化 ◆

两周金文

↓

秦小篆

↓

现代楷书

殷

根据历史的记载，商朝被周联军灭亡后，其首都，就是现今的河南安阳，就被破坏了，以至有很长的一段时间成了无人居住的废墟，因此被称为殷墟。根据《逸周书·世俘》的记载，这次战役，周的联军前后共杀馘（杀死）十七万七千七百七十九人，俘虏（活捉）三十一万二百三十人。除外，还缴获了旧宝玉一万四千件以及身上的佩玉十八万件。依常理推论，战士是不会把宝玉戴在身上而上战场打仗的，所以所获得的宝玉必是从住家抢夺搜括来的。这次的破坏必是非常彻底，以至于没有人愿意在这里定居。说不定，当时因被杀的人太多，又没有好好加以埋葬，导致瘟疫或病疾流行，所以这块长期经营的肥沃土地才没有人愿意去居住。

西周的人提到商王朝时，好几件铜器的铭文都以商称呼商朝，如西周早期的《利簋》：“武王征商，唯甲子朝，岁鼎，克闻（昏）夙有商。辛未，王在阑师，赐右史利金，用作檀公宝尊彝。”（翻译成白话：武王征讨商国时，于甲子日的早上占问一年的运势，答案是早晚之间就可以拥有商国。辛未日，武王来到阑师，以铜料赏赐右史利，利用它铸造纪念檀公的宝贵祭祀彝器。）可是很快就以殷来称呼商朝与商族，如《保卣（yǒu）》：“王令保及殷东国五侯。”《大盂（yú）鼎》：“我闻殷坠命，唯殷边侯甸与殷正百辟，率肆于酒，故丧师祀。”为什么有这种改变呢？

甲骨文还未见“殷”字，金文的“殷”字，作一手拿着工具在敲击某器物的样子（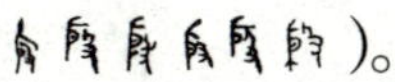）。创意是什么呢？《说文解字》给予“殷”字的解释是“作乐之盛”。经籍的“殷”字也大多有盛、大、多一类的意义。综合字形与字义，“殷”字看来是表现敲打钟鼓一类的乐器，大大作乐而欢乐之状了。《吕氏春秋·侈乐》说商王纣“作为侈乐，大鼓钟磬管箫之音，以巨为美，以众为观”。

一般说，音乐在文明较高的社会较发达，而且也较高雅细致。歌舞酒色有相得益彰之性质。宴（yàn）飨（xiǎng）[①]如不配以歌舞，是相当扫兴的事。宴飨是各个时代不从事劳动的贵族所喜好的事。商王喜欢大规模的演奏，大量的人员参与，尤其是群饮酗酒。大概因此，有太多的高官耽迷其中而不拔，导致士气低落，并因而忽略了武备，以致为周联军所乘，一日之间，就被一举击溃而遭灭国的悲运。《尚书·酒诰》中周公告诫新封国的康叔，要严厉禁酒以免步商人酗酒而致亡国的后尘。对于群聚饮酒的人要给予最严厉的处罚，不必怜悯。连放置酒壶的几案也叫“禁”，提醒人们不要饮酒过量。或许周人因为商人酗酒丧国，就鄙视之，揶揄之，把他们叫作殷人。

图一 曾侯乙墓出土的编钟与木架
高二百七十三厘米，长一千零七十九厘米

① 宴飨：古代帝王宴请群臣。有时也指以酒食祭神。

知识链接

殷墟

殷墟是商代后期的都城遗址，位于河南安阳小屯村及其周围。商代从盘庚至帝辛（纣）的200多年间均在此建都，共经8代12王，是中国历史上可以肯定确切位置的最早的一个都城。从1928年开始考古发掘至今，不仅出土了甲骨、青铜器、玉器、骨雕器等大量遗物，还发现了当时的宫殿、宗庙墓葬等遗迹。

殷墟是全国重点文物保护单位，并列入《世界遗产名录》，为世界著名的考古遗址。

yuè

乐

作一木上安装有两条弦之状。

字形变化

商甲骨文

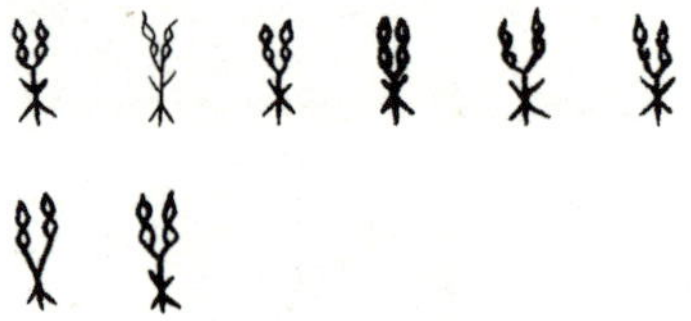

两周金文

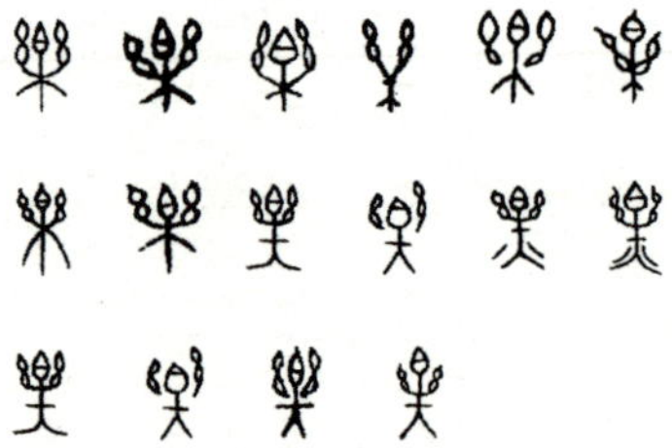

秦小篆

现代楷书

乐

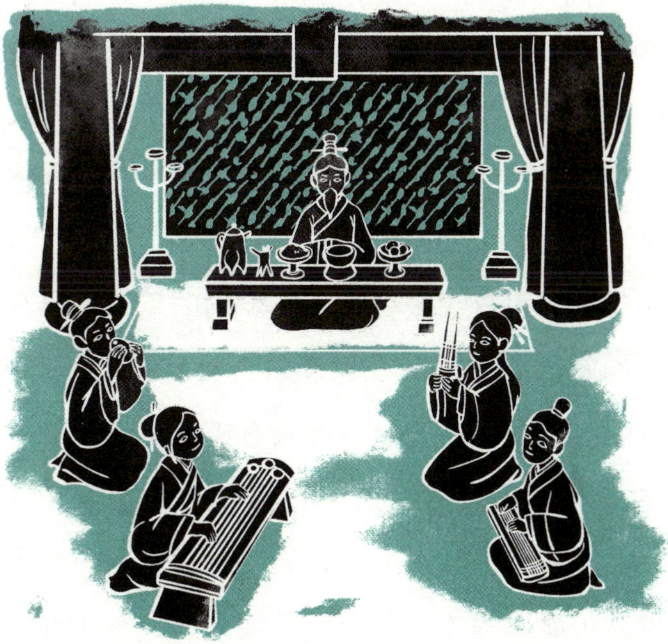

“音乐”两字的创意，“音”可以确定是种长管的乐器形。“乐”字，甲骨文作木头上安装有两条弦线之状（）。似乎是表现某种弦乐器的样子，但在甲骨卜辞里，“乐”字还不见有使用于有关音乐的场合，故其创意仍有争议。西周的金文在两弦之间多了个“白”字（）。“白”是大拇指的形象，或以为是琴拨之形，表示用手弹奏的方式。如果弓是弦乐的前身，以手拨弹演奏应是最自然的。但早期文献以“鼓”字描写弦乐演奏的动作，如《诗经·常棣》：“妻子好合，如鼓瑟琴。”如果“乐”字确实是以弦乐器创意，则金文的字形，大半就表现以拇指按弦，声响由另一手敲打出来。以手

指或用琴拨拨弹弦乐是较迟才发展的技法。吹气和敲打是乐器演奏的主要方法，管乐和弦乐是乐章的主调，故代表此两种乐器之字，就被合成一词以代表音乐之事。音乐使人心情舒爽，故“乐”字也引申为快乐的意义。

弦乐器是利用弦线振动而发出声响的乐器。早在三四万年前，人们就已熟悉弓弦线振动的声音。弦的音调因材料、张弛、粗细等的差别而有异，古人有机会感觉到不同音调的弦声而加以利用，故认为弦乐的起源甚早，而有庖牺氏作五十弦瑟，或黄帝使素女鼓瑟，哀不自胜，乃破坏为二十五弦等传说。可能因为木头与弦线不能长久保存于地下，出土弦乐器的遗址时代没有早过春秋时代的。

文献几次提到商王纣喜欢大规模合众乐的演奏，应该就会要求绝对音高的一致，才能取得音调的和谐。早期的乐器只有管乐与弦乐能够由一件乐器发出多音程的乐音来。管乐的发音与管的长度、直径有直接关系。要经过复杂管径校正的计算，才能得出一定间隔而定出有规律的音阶。对古人来说，比较难通过管乐的长度去制定音调。弦线的长度与音高之间的关系明显，才容易被人观察到。弦乐有可能因为以弦乐来校正他种乐器的音高，才在乐团中具有领导的地位，从而也产生三分损益律。它是以一常数为基音，通过增减三分之一的长度以求得规律谐和的音阶。如以宫调的基数计算，则增宫调为徵（zhǐ）调而长一百零八，损徵调而为商调而长七十二，增商调为羽调而长九十六，损羽调而为角调则长六十四。其他音调的常数都可依此法增减而得。

在较早时期，作乐的时机不常有，且限于庙堂聚会的有限庆会，陈设乐器之任尚可应付。随着阶级界限的模糊，作为阶级表征的笨重礼乐器亦因之不振。后来演变，甚至连士族之间的相会、宴飨都要以音乐助庆。音乐既作为私人叙情交欢之用，演奏场所就不再限定于庙堂。有笨重架子的乐器也难于移动、陈设到各个不同的地方去。于是音程完备，可以谱出高山流水，抒发个人情性的管乐与弦乐就开始兴盛，成为庆会演奏的主调，而钟鼓磬之乐曲就大为衰落。琴瑟不但音程易校正，易于制作和携带，且虽深山幽谷，或穷乡陋巷，都可以即兴演奏，而演奏也不费力，尤其是弦乐声较为欢愉悦耳，终占优势，成为最大众化的乐器。尤其是文士，视之为修心养性必学习的乐器。故《礼记·曲礼下》有“君无故玉不去身，大夫无故不彻县，士无故不彻琴瑟”。弦乐终成八音的领导。

图一 雕刻漆绘木瑟
长一百六十七点三厘米，宽四十二点二至三十八点五厘米
中高十三点七厘米
战国，公元前四〇三年至公元前二二一年

知识链接

五声和十二律

我国古代称五声音阶上的五个级为宫、商、角(jué)、徵、羽，相当于现行简谱上的1、2、3、5、6，其中文中的“徵”相当于简谱上的“5”。

十二律是将八度分为十二个半音的律制，发明于先秦时期。《汉书·律历志》中记载：“律十有二，阳六为律，阴六为吕。律以统气类物，一曰黄钟，二曰太族，三曰姑洗，四曰蕤宾，五曰夷则，六曰亡射。吕以旅阳宣气，一曰林钟，二曰南吕，三曰应钟，四曰大吕，五曰夹钟，六曰中吕。有三统之义焉。”

wǔ

舞

一人双手持舞具跳舞之状。后加舛，强调双足的动作。

字形变化

商甲骨文

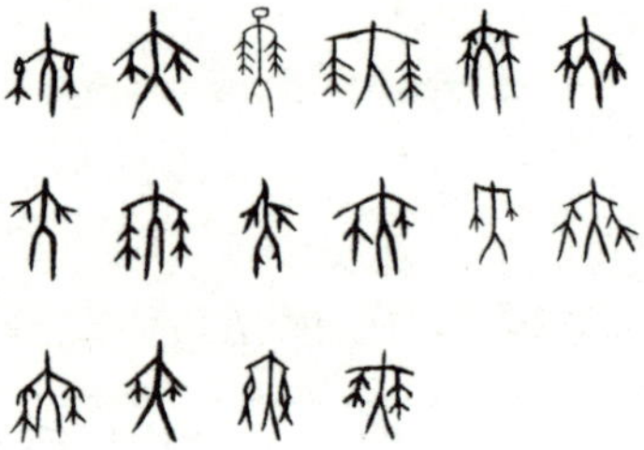

↓

两周金文

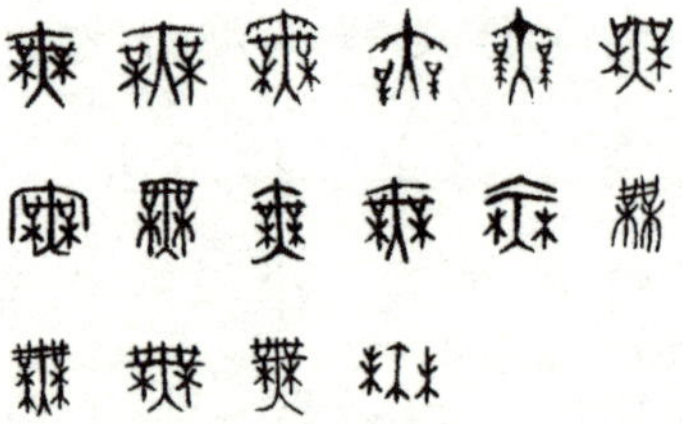

↓

秦小篆

↓

现代楷书

舞

甲骨文的“舞”字作一人伸张双手，手上拿着像牛尾一类下垂的跳舞道具（）。《吕氏春秋·古乐》说：“昔葛天氏之乐，三人操牛尾投足以歌八阕。”“舞”字里的跳舞道具很可能就是取自牛尾或马尾的形象。“舞”字到了西周时代被借用为有无的“无”，所以就在本字上加上一对脚以显明跳舞的动作（）。手舞足蹈是人们情绪的自然反应，一般是不会预先准备道具的，现在文字表现了执拿特制的跳舞道具，一定是到了有一定表演形式的时代了。

舞与乐可以安慰、欢愉、激励、挑发人们的情感，是人们劳动以谋取生活之余，顺应生理及心理的需要，帮助恢复疲劳、舒展心情、交欢结好的活动。很多今人看起来是极富娱乐性的活动，对古人来说，那只是谋求生活的必要行动，其掺杂的娱乐情绪或心理是极少的。譬如打猎，现在是种极为奢侈的体能娱乐，尽管其动作激烈，常弄得身体疲惫。不过其目的却是满足心理的情绪，不是谋求生活，故欢愉非常。再举歌舞来说，今天很少会被看作有关生产的劳动。但是其起源可能是生产时为了纾解疲劳，或是为了一齐从事劳动，或移动重物时发出的呼喊声与动作。音乐可能起于用声响诱杀野兽，舞蹈起于向神祈祷或求保佑的宗教仪式，所以就其动机来说，都是为了谋求生活或能得生存的必要措施，非讲求一己或他人精神的欢愉。因此要区别类似的活动，何者是工作，何者是娱乐，就要看其性质是为了欢愉，还是为了生活必须从事的劳动了。

当生活工具有所改良，逐渐减低人们谋求生活所需劳动的时间，宗教的信仰也慢慢淡化时，人们慢慢有心情借节庆以娱乐自己，从而发展较丰富的个人娱乐节目。一个国家，古代没有比“祀”与“戎”更为重要的事。古人于从事生产劳动之外，参与祭祀与军事的活动就成为生活上的重要行事。所以与此有关的活动最容易演变成娱乐的项目。基本上说，生产发达、社会安定的时候，人们用于娱乐的时间要较生产不足或动乱不定的时候为多。

跳舞的目的，商代以前因无文字的记载，难于考察。商代的甲骨卜辞提到舞时，十有九次都提到雨。其祭祀的对象也都是商朝的人相信可以帮助降雨的神，如黄河与霍山的神。因此，“舞”字就经常作舞者的头上加有雨点（），表明其特别的功能，也验证乐舞起于实用的目的。

雨是灌溉水利大兴前最重要的农业用水来源。降雨是主政者最关心的事，所以商代求雨之卜问很多。祈雨之舞是最富有实用意义的。它本是干旱季节时举行的严肃的宗教仪式，参与者忧心忡忡，唯恐他们的虔诚感动不了神灵，下不了雨，但后来却演变成季节性的例行娱乐活动。就是在雨量充沛，不怕干旱时也要举行，而且参加者还充满欢愉的心情。如《论语·先进》记载孔子问弟子们的志趣，曾皙（xī）答：“莫春者，春服既成，冠者五六人，童子六七人，浴乎沂，风乎舞雩（yú），咏而归。”语气明显表示那时的祈雨舞雩，已是娱乐的成分多于祈雨的宗教意味的盛典了。

图一 白衣灰陶娱乐俑
最高二十一点二厘米
东汉，公元一世纪中叶至二世纪

xì

戏

以兵戈戏弄老虎的娱乐性节目。

◆ 字形变化 ◆

两周金文

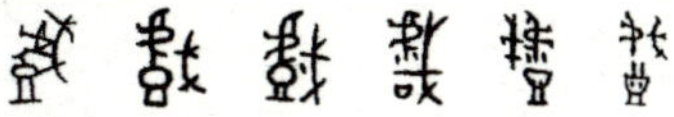

↓

秦小篆

↓

现代楷书

戏

对一个国家来说，在古代没有比祀（祭祀）与戎（军事）更为重要的事。古人于生产劳动之外，参与祭祀与军事的活动是生活上的重要行事。祭祀时以乐奏与歌舞助兴。军事则要加强体能的各种训练，很多娱乐的项目就是由相关的活动演变而成。

狩猎本是渔猎时代的工作，那些跳跃、奔跑、射击的动作，都是谋取食物所必需的，所掺杂的娱乐情绪或心理是极少的。但是后来，尽管其动作激烈，常弄得身体疲惫，不过其根本目的，却是满足心理情绪，不是谋求生活，故欢愉非常而成奢侈的体能娱乐。

老虎是种对人类生命具有威胁而难于捕捉的大型动物。如果有人想夸示其胆力及勇气，在上古恐怕没有比跟老虎搏斗更刺激的场面了。所以扮演搏斗老虎的故事剧，甚至与老虎真的搏斗，就成了古代一种很有号召力的娱乐节目。汉代张衡的《西京赋》：“东海黄公，赤刀粤祝。冀厌白虎，卒不能救。”说的是东海黄公年轻的时候以表演徒手搏斗老虎为职业，到了年老的时候不知自己身体已经衰弱，有一次带了刀子上山，要去捕捉老虎，反而被老虎吃掉了。人们也因之编成有科白[①]、化装、舞蹈的逗笑戏剧。

“戏”字的意义好像和军事有关。西周中期的《师匩簋》有任命某人为辅戏的官职，赏赐甚丰。《说文解字》解释“戏”为形声字，说是军队所驻在的一面。至于何以“戏”有戏谑的意义，段玉裁注解，因为兵杖可以玩弄。我想这个说法很牵强。金文的“戏”字由老虎、戈及凳子组成（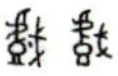），凳子的部分不成字，故“戏”比较可能是表意字而非形声字，想是表达一个人持戈表演刺杀高踞的老虎的游戏之意。“戏”有戏耍的意思，故比较可能是种游戏，不是真的刺杀老虎。若以武器猎杀老虎，就带有相当大的危险性。甲骨文的“虣”（bào）字，由一戈与一虎合成，意义是不设陷阱而以戈

① 科白：古典戏曲角色的表演动作和道白。

搏杀老虎，是种鲁莽粗暴的行为（）。此字后来被代以“暴”字，《诗经·小雅·小旻》有“不敢暴虎，不敢冯河”之句，意思是不敢贸然与老虎搏斗，不敢不带漂浮物而渡河。

古代的人称皇帝为陛下，因为皇帝高高坐在厅上，臣属则在台阶之下听命。戏下是军队驻扎所在的某个重要设施。《史记》的《项羽本纪》与《高祖本纪》有“诸侯罢戏下，各就国”和“兵罢戏下，诸侯各就国”。《汉书·窦田灌韩传》则说：“独两人及从奴十余骑驰入吴军，至戏下，所杀伤数十人。”颜师古注：“戏，军之旌旗也。”或，“戏，大将之旗也。”看起来，军营之中有个司令台，是发号施令的地方，建有指挥的大旗，听令的兵将都在台下，所以才有“戏下”的用语。演戏与下军令的共同特点是在台上施行。《师匽簋》的辅戏官职，是（在台上）下达命令的师长的副手。

商人认为捕猎老虎是勇武、值得夸耀的事。它可能原来是扮演某勇士的壮举，后来渐成一种固定形式的表演。商代不但有械斗老虎，还有比之更惊险的徒手搏斗老虎的节目。甲骨文的“虢”（guó）字（），作两手扭斗老虎的情状。这无疑是更刺激、更能吸引观众，表现英雄威风的节目。也许虢地在商代是以此节目见长的地方。

图一 绣球戏狮的头陀象牙圆雕
高八厘米，宽六点九厘米
明代，约公元十六世纪

图二

著作权合同登记号：图字 18-2022-092

图书在版编目（CIP）数据

文字小讲：青少版. 汉字里的古代日常 / 许进雄著
. -- 长沙：湖南文艺出版社，2022.10
ISBN 978-7-5726-0873-5

Ⅰ. ①文… Ⅱ. ①许… Ⅲ. ①汉字－青少年读物
Ⅳ. ① H12-49

中国版本图书馆 CIP 数据核字（2022）第 175640 号

上架建议：少儿读物

WENZI XIAO JIANG：QINGSHAO BAN. HANZI LI DE GUDAI RICHANG

文字小讲：青少版. 汉字里的古代日常

著　　者：许进雄
出 版 人：陈新文
责任编辑：刘雪琳
策划编辑：文赛峰　温宝旭
特约编辑：何思锦
营销支持：付　佳　杨　朔　付聪颖　周　然
版权支持：张雪珂
装帧设计：梁秋晨
内文绘图：知否工作室
封面绘图：知否工作室
内文排版：金锋工作室
出　　版：湖南文艺出版社
（长沙市雨花区东二环一段 508 号　邮编：410014）
网　　址：www.hnwy.net
印　　刷：三河市中晟雅豪印务有限公司
经　　销：新华书店
开　　本：680mm × 955mm　1/16
字　　数：112 千字
印　　张：11.75
版　　次：2022 年 10 月第 1 版
印　　次：2022 年 10 月第 1 次印刷
书　　号：ISBN 978-7-5726-0873-5
定　　价：39.80 元

若有质量问题，请致电质量监督电话：010-59096394
团购电话：010-59320018